西商口述史

章学锋 编著

世界图书出版公司

西安曲江出版传媒股份有限公司

图书在版编目（CIP）数据

西商口述史 / 章学锋编著. — 西安：世界图书出版西安
有限公司，2018.6

ISBN 978-7-5192-4810-9

Ⅰ．①西… Ⅱ．①章… Ⅲ．①商业史—研究—西安
Ⅳ．①F729

中国版本图书馆CIP数据核字（2018）第136360号

西 商 口 述 史
XISHANG KOUSHUSHI

编　　著：章学锋
策划统筹：史鹏钊
责任编辑：郭　茹　乔文华
装帧设计：纸尚图文设计
出　　版：世界图书出版西安有限公司
地　　址：西安市北大街85号
邮　　编：710003
电　　话：（029）68206213 68206222（市场营销部）
网　　址：http://www.wpcxa.com
邮　　箱：xast@wpcxa.com
发　　行：西安曲江出版传媒股份有限公司
　　　　　（西安曲江新区雁南五路1868号影视演艺大厦14层）
印　　刷：陕西金和印务有限公司
开　　本：720mm×1020mm　1/16
印　　张：16.75
字　　数：248千
版　　次：2018年9月第1版　2018年9月第1次印刷
国际书号：ISBN 978-7-5192-4810-9
定　　价：68.00元

新时代的西商与浙商比较研究课题组

组　　长：王作权

副组长：高东新

成　　员：程丽辉　赵　沛　李　栋　李　刚　杜雁平
　　　　　姚　蕾　章学锋　邵振宇　于远光

新时代的西商与浙商比较研究课题
之西商口述史项目组

主　　持：章学锋

成　　员：许　璐　吴　情　杜雁平　姚　蕾　刘　杰

拍　　摄：吴　月　赵　敏　郭昕煜　李欣怡　曹鉴愚　毕明芳

前　言

商兴城旺

西安这座城，从来都是一片商业的热土：六七千年前，半坡氏族原始先民在这里开始最初的物物交换；5000多年前，始祖炎帝设"日中为市"，在这里开创市场的雏形；3000多年前，周公创"工商食官"，在这里建立最早的行业制度；2000多年前，张骞从这里出发，凿空西域，打通丝绸之路；1000多年前，西市、东市相呼应，琳琅满目的世界商品在这里集散……

回望波澜壮阔的西安商史，可以得出这样的结论：作为中国商业的根脉之城，西安城就是"商兴城旺，商败城衰"的明证。西安引领文明数千年，西商独领风骚几百年。

时间到了2017年，沉寂已久的"西商"一词再度热起。是年秋，首届世界西商大会成功举办，海内外数千商贾聚会西安，共图西商发展大业。这是西安商业发展史上的一个大手笔、大举措。会后，本着"唤醒城市商业精神、激活城市商业力量"之主旨，西安市委、市政府实施了一系列扎实有效的工作措施；同时，高度重视西商精神的传承与培育，市委主要领导多次要求西安市社会科学院围绕"新时代的西商与浙商精神比较"开展课题研究，从历史、现在和未来的纵向维度和国内商帮横向发展视角，重新审视西商，为新时代新西商的成长壮大营造良好氛围。

2018 年伊始，西安市社科院成立新时代的西商与浙商比较研究课题组，联合西北大学、西安通济区域规划研究院、西安报业传媒集团、西安旅游设计研究院和西安科技大学等单位，共同开展研究。课题组历时 6 个多月，克服困难、深入调研，圆满完成了工作任务，为大西安营商环境的改善贡献了社科工作者的一份力量。

　　《西商口述史》，就是新时代的西商与浙商比较研究子课题天下西商案例研究的最新成果。全书围绕"老字号的新传奇""是浙商更是西商""新西商与大西安"三大板块，以 30 位有代表性的西商企业家为研究对象，通过他们口述创业故事、讲述商业心路历程、建言大西安建设的方式，让更多的读者能更深入地理解"商兴城旺，商衰城败"的道理，更自觉地领会商业与城市的休戚相关，从而在全市上下激荡起一种"像尊重科学家那样尊重企业家"的良好氛围，进而在全国乃至全球范围再掀 "西引力"的新热潮，吸引更多更优的创业者来西安投资兴业，书写新时代新西商再进军的时代华章。

新时代的西商与浙商比较研究课题组

目录
contents

第三辑　新西商与大西安

第一辑

老字号的新传奇

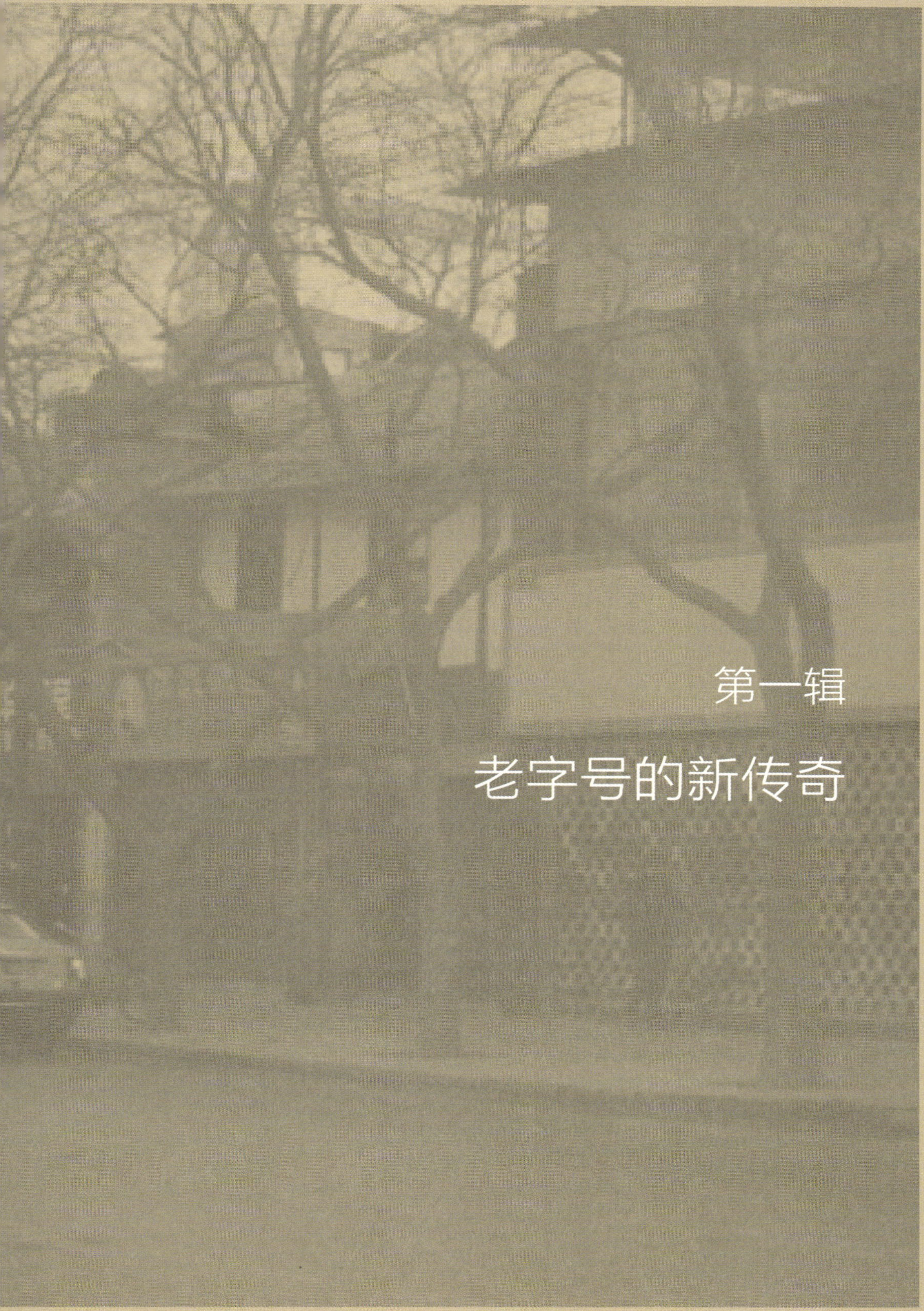

穆保民

传承 600 年恒昌堂茯茶文化

访谈时间：2018 年 3 月 8 日

访谈地点：西安市碑林区

口述人简介：

　　穆保民，又名穆民，1963 年 9 月出生，陕西泾阳人。作为西商大贾姚家的女婿，穆保民在致力于弘扬姚家商业文化的同时，恢复和传承了 600 多年前泾阳社树堡姚家茯砖茶的古法技艺，现为陕西泾阳恒昌茶业有限公司董事长。

社树姚家的发展史就是一部简明的西商史

我的小名叫穆民，官名叫穆保民，是老西商泾阳社树堡姚家的女婿。这些年来，我一直致力于传承、发扬姚家的商业文化和姚家的茯砖茶技艺。

姚家不是泾阳土著居民，最早因搬迁来到泾阳王桥镇社树堡。

人多聚集在一起为社，树是故乡的标志，"社""树"两个字合在一起，有很多种释义。有人说，位于西安最北边的社树堡就是西商的发源地，社树姚家的发展史就是一部简明的西商发展史。

茯砖茶是西商经营的代表性商品之一。据说南北朝时，西北边境上就有了"茶马互市"，中原地区的大量散茶被销往西北少数民族地区。唐朝中期，泾阳的茶商按照当地打土坯的方法，制作出了泾阳砖茶。北宋时，泾河是黄金水道，所有南方来的茶都要从泾阳转运到西北。

一次，有船只在泾河侧翻浸水了，茶叶打捞上岸后被放在库房阴干，一两个月后打开，发现茶叶上布满霉菌。为减少损失，老板就把这批茶销售到西北边远地区。没想到，很快有消息反馈回来说，这种有霉菌的茶喝起来更好更香。

后来，泾阳的老茶人就摸索出了一套让茶砖里产生金黄霉点——金花菌的技法，从而制作出了闻名天下的泾阳茯砖茶。

金花菌孢子是原茶自身就带有的，生物学家给它起的学名叫"冠突散囊菌"。为什么这种菌在其他地方长不出来，而到泾阳就能长出来呢？一是泾阳土中有碱、水中有锶，加上茶的酸性，酸碱中和后适宜金花菌生长发育；二是泾阳地处冶峪河和泾河下游间，北有嵯峨、北仲两座山，南有终南山，形成独特的小盆地环境，气候条件适宜金花菌繁殖；三是制作工艺，如炒茶的火候及水分含量、发花的温度、筑制砖体的松紧度等，全靠泾阳老茶工的掌握和多年形成的经验感觉。因为主要在伏天加工，所以这种茶也被称为"伏茶"。

千百年来，不少人曾想把泾阳茯砖茶制作技术引到外地去，均未成功。这就好比有人想把贵州茅台镇的茅台酒引到外地制作，但怎么也做不出茅台镇茅台酒的独特口感。

"古丝绸之路上的神秘之茶"

最早有历史记载的泾阳茯砖茶，要算王桥姚家先祖 1368 年所创的恒昌堂茶了。姚家的恒昌堂茶，选料严格，工艺考究，色泽黑褐油润，发花茂盛，菌香四溢，冲泡之后，茶汤甘纯，茶香醇厚，饮罢唇齿留香。姚家的茯茶销往西南地区，占到了西南市场的四分之一。

因为青海、新疆、内蒙古等地牧民长期食用牛羊肉，加之那里地处高寒地带，缺少蔬菜水果，特别需要茯茶消脂，因此在西北地区有"一日无茶则滞，三日无茶则病""宁可三日无粮，不可一日无茶""生命之茶"的说法。姚家茯茶金花菌含量高、质量好，在西北地区很受欢迎。朝廷以此茶换取牧民的宝马良驹，同时把姚家茯茶贸易作为"安边"的重要手段之一。

姚家的泾阳茯茶之所以好，是由四个因素决定的：一是选料好。茶叶来自海拔 1200 米的姚家老茶园里的高山乔木茶。二是古法制茶。制茶要经过人工选料、过筛、称茶、炒茶、筑封和发花这几道工序。三是菌群繁殖好。泾阳是个小盆地，600 多年来，菌群一直在繁衍发展，尤其是伏天时的菌种发得更好。四是水源好。一直用郑国渠赛珠泉的水做茶诱，泾阳茯茶的金花菌含量大，伏天的金花菌出来后易于干燥。这就是姚家茯茶"非泾水不渥，非伏天不作，非金花不成，非泾阳不宗"的道理之所在。

现在，四川乐山大佛殿后边挂着一块匾，是嘉庆元年（1796）在当地经商的社树姚家人所捐赠。清朝书法家严树森为姚家题写的《元驸马都尉姚氏合族始祖神道碑》，记录了姚家的历史渊源。后来，于右任先生又题词，赞赏姚家茯茶为"安国之茶"。

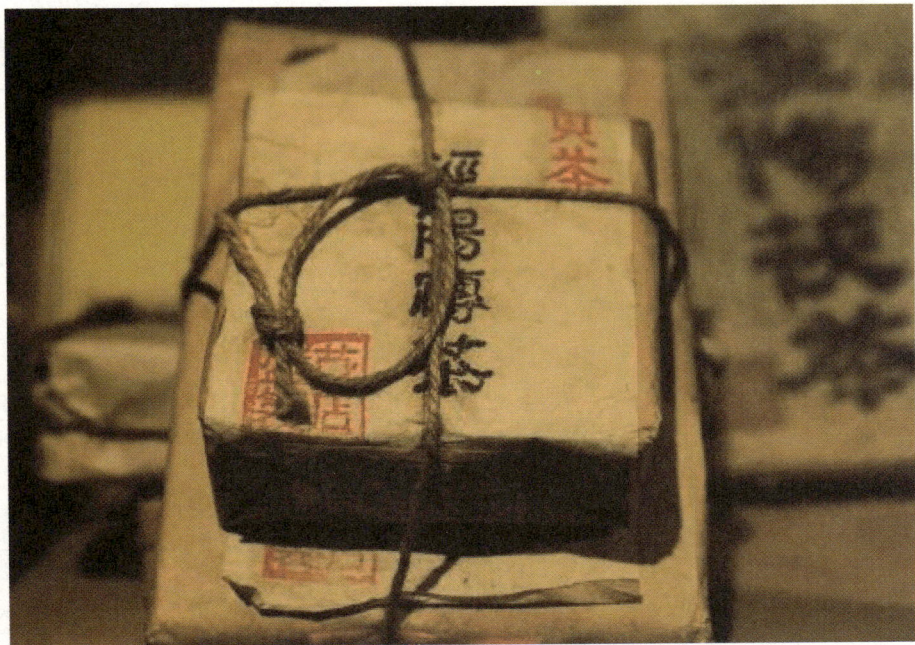

泾阳茯茶

　　康熙年间，姚家的先祖姚昂干承其祖业，在雅安和彝族地区经商，将白蜡、丝绸、皮货、茶叶等销往西北、西南乃至东南亚，连获厚利。现在的雅安茶厂，前身就是姚家的"天增公"商号。"天增公"虽然只是姚家诸多商号中的一个，但基本上垄断了康藏地区的茶叶贸易。

　　姚家当时还有两家茶场，有茶园近千亩，一家在四川，一家在云南。随着生意规模的扩大，姚家商号沿长江流域一路发展，从四川乐山到重庆，再到武汉，后来又到了苏州和上海。长江水路沿途都有姚家的商号。

　　姚家的生意甚至一度做到了缅甸、老挝等东南亚国家。在东南亚一带，姚家白蜡很有名。姚家的白蜡是用植物造的，过去的有钱人家才能用得起。植物白蜡不起烟，亮度很好，不熏房子，不像现在矿物质的白蜡把房子熏得很黑。

　　姚家发家后，大兴土木，在社树老家耗巨资盖了九进的姚家老宅，连带附产，几乎覆盖了整个社树村。至今，这里还保存有城墙和姚家祠堂。专家对建筑的风格和历史进行研究，认定这座祠堂的历史有 400 多年了。让人惊叹的是，姚家祠堂的门楣上、大柱下的础石上、屋檐下的砖雕上等很多地方，现在还保留着 400 多只蝙蝠的浮雕。这种浮雕在全国现存的民间大院中是罕见的，像是在述说着姚家悠远的商业文化故事。

　　最初，姚家制茶就在社树堡，后来随着泾河水位的下降，姚家就把制茶的地点搬到泾阳县了。泾阳县现在有个巷子叫"姚家巷"，过去姚家就在那里做生意。以后，随着茯茶和茯茶产业的发展，附近又有了骆驼巷、麻布巷。这是因为，商业繁荣以后，外地人用骆驼驮布匹到这里卖钱，走的时候再把

大唐丝路盛景图

茯茶驮走。

历史上，中国沿古丝绸之路外销的货物主要有丝绸、瓷器、茶叶三大类。以泾阳茯砖茶为主的茶叶，是丝绸之路（陕甘茶马古道）上最重要的运输物资。因而，泾阳茯砖茶也被誉为"古丝绸之路上的神秘之茶"。

咱们恒昌堂茶的外包装上，就充分体现着丝路文化。这是丝绸之路一幅画卷上的一个图景：两个人在斗茶。这个呢？在闻，在品。另一个呢？在含。还有一个图景：一个茶童在煮茶，另一个人在品茶，他的神态好像在说："这个茯茶煮得很开，温度很高。"图景中的烘炉纹饰和法门寺出土的烘炉纹饰简直一样。过去到现在，茯茶一直都是煮的，这茶童在煮。"红炉煮出茶叶香"，整个画面说的就是饮用茯茶的一个过程。

"石桥刘孟社树姚，不及王桥一撮毛"

王桥姚家是泾阳的四大富户之一，明清时期关中地区流行一句民谣，就是"石桥刘孟社树姚，不及王桥一撮毛"。姚家现在还保存有清同治皇帝题写的"功迈历城"牌匾，那是因为姚家做茯茶生意对国家的贡献比较大。林则徐被贬官去新疆，路过西安时拉肚子，喝了姚家恒昌堂茯茶后好了，特意留下了"善为至宝一生用则不尽，心为良茶百世耕籽有余"的墨宝，用"善""心"两个字起头，表达对姚家的感谢。

民国初年，胆识过人的姚秦汉执掌姚家，姚家商号发展形成恒昌堂、惠谦堂、燕翼堂、花萼堂、祝新堂、竹森堂、居敬堂、仁在堂、乐善堂、五福堂等十大堂口，还有一些堂外小堂。

姚文清是姚家第9代传人。咱们现在所在的这个古朴幽雅的院子，是我文清爷建的。近代史上，围绕这个姚家大院，发生的故事很多。当时的于右任、吴宓等文化名流都是这个院子的常客。他们谈论古今时事，酣畅淋漓时经常到了夜半。姚家专为于右任辟了房间供其休息，他睡过的床现在还在，因此这里也可称得上是"于右任故居"。1949年前，杨虎城的纺织厂就建在社树姚家。

我文清爷属于儒商，没人知道他一生积累了多少财富，但他的儒雅、慷慨和乐善好施却最有名。他曾说："姚家的钱是给外人用的。姚家的子孙应该自立，靠自己奋斗，不能贪图享受。"他是这样说的，更是这样做的。他联合于右任，一起创建了泾阳县的第一所中学，还为泾阳县图书馆捐赠全套《四部备要》。

1949年后，他将自己的企业全交给国家，把在西安的40多处房产交公，只留下这一处宅院。抗美援朝时，他将所积蓄的800多两黄金全部捐出，给国家购买了一架战斗机。

他一生拥有藏书10万多册，后期仅剩下千册，临终前也全部送给了吴宓。即便到了晚年，他也在用有限的积蓄帮助陕西籍的海外学子。

姚家商业文化造就了茯茶的地位

其实，现在在陕西的文字资料中，关于姚家商业文化的记载很少，很可惜。但是从长江流域向南一直走到缅甸、老挝等东南亚国家，就会发现这些地方很多商业机构的前身就是姚家的商号，而且资料会丰富一些。

姚家的商业文化造就了茯茶的地位，但随着时代的变迁，姚家茯茶的传统工艺几乎失传。成为姚家的女婿后，我深为姚家先祖的商业文化所吸引，几十年来，一直为恢复和再现姚家商业的辉煌努力着。我查阅了能找到的所有文献资料，寻访了能找到的所有老茶工，一点点一点点地唤醒、追忆、复原姚家的商业文化。

后来，在美国从事计算机研究的三叔回来了，他是在四川的茶号里长大的，所以非常熟悉姚家茯茶的纯手工制作工艺。他手把手地教我制作茯茶，第一次就大获成功。喜出望外之余，我用一吨半的茶叶进行了第二次操作，没想到遇上了阴雨天气，温度没有控制好，给做砸了。后来，我才总结出经验，姚家茯茶对空气特别是空气中水分的含量是很挑剔的。

现在，我用"社树姚"作为商号，用20多道传统工艺，纯手工制作恒昌堂茯茶，产量不是最大，但质量很突出，纯手工制作，用的是云南姚家茶园的老茶，不是湖南安化的茶，所以喝起来口中有回甘。我是理科出身，不会做生意，但我认为，慢工制好茶。作为几百年的老字号，恒昌堂杜绝机械制茶和量产茶。我只想依靠自己的一点儿力量，尽可能地延续恒昌堂茯茶的命脉，让现在的年轻人知道：哦，在600多年前，社树姚家还曾有过这样一段商业文化和商业传奇。

2018年2月1日，国家主席习近平在北京钓鱼台国宾馆邀请来访的英国首相和丈夫茶叙，让外国元首见识了"中国古丝绸之路上的神秘之茶"——茯茶的独特风味。我想，这是国家对泾阳茯砖茶这种传统工艺的最大支持和最有力的宣传。咱也想趁着这个东风，把姚家过去辉煌的历史和商业文化展现给后人。

大西安需要大力宣传自己的商业史，这就需要挖掘西商的辉煌历史。从社树姚孕育出来的恒昌堂茯茶是有文化的，它的根就是姚家的商业文化。

社树姚是西安最北边的一个古堡，有很好的区位优势，这里距离高速路口只有500米，西咸一体化后并入大西安，离袁家村15分钟车程，到泾河风景区10分钟车程，到西安35分钟车程，也是去马栏红色旅游地的必经之地。许多人认为，从历史故事、商业传承等多个角度来看，社树姚就是西商的发源地，因为它是有记载的，是有历史遗存的。

现在，国家重视文化传承和保护，社树姚独特的商业文化和历史也得到了政府的支持。因为，社树姚这个地方太有历史文化了，有几千年的郑国渠的水文化，有几百年的茯砖茶的茶文化，还是西商的发源地。

我特别希望，通过开发和提升社树堡，把姚家悠久的商业文化传承好，把姚家茯茶技艺传承下去，重新书写好新时代西商的新历史。这，也是我个人长久以来的中国梦。

王延安
用信仰浇灌品牌

访谈时间：2018 年 3 月 10 日

访谈地点：西安市高新区

口述人简介：

　　王延安，男，汉族，1958 年 2 月出生于西安，祖籍江苏徐州。为传承和发扬中华老字号西凤酒的商业文化做出突出贡献，是西凤酒 6 年、15 年陈酿品牌及禧福祥系列西凤酒全程创意、策划、运营人。以西商精神、工匠精神、艰苦奋斗精神，在三秦大地缔造了白酒销售行业的一个个奇迹。现为陕西禧福祥集团董事长，兼西安市乒乓球协会主席、陕西省慈善协会荣誉会长等职。

想专门成立公司来经销西凤酒

西凤酒是经过国家认定的、陕西为数不多的中华老字号之一。西凤6年、15年陈酿酒，是在2000年下半年进行创意的白酒品牌。其实，这完全是一次偶然促成的。

那个时候，在西安的餐饮界几乎见不到西凤酒。要知道，作为中国四大名酒之一的西凤，有3000多年悠久历史，可以说是中国白酒的源头。那么，为什么在西安的餐饮界就见不到西凤呢？

有一次，朋友请当时做装修行业的我去喝酒，问："咱们喝剑南春、五粮液，还是喝其他啥牌子？"我说："咱们今天喝西凤吧。"朋友说："西凤啊，现在没人喝西凤。"我问："为什么啊？"他说："咱陕西没人喝西凤，销得不好。"我不信，跑去问服务员："西凤酒是中国四大名酒，咱这儿有吗？"服务员有些不解地说："是吗？咱们这儿真的没有西凤酒。"

这事，激发了我重振西凤品牌雄风的念想。作为一个陕西人，作为一个西安人，咱们有这么好的老字号品牌，我就想尝试，尽可能地让这个老品牌再度振翅高飞。2000年秋天，我就开始走访，确实像服务员说的那样，西安市场上西凤酒不多。我又去请教一些老西凤人，还到厂里参观学习。我找到西凤酒厂的相关领导，说想和西凤合作，专门成立公司来经销西凤酒，恢复这个老字号的荣光。

开创将"中华老字号"打在酒瓶上的先例

于是乎，我就进行市场调研，开始琢磨瓶形的设计、盒子的设计，怎么把陕西的文化融进去。不到半年时间，我们就完成了新的瓶形、盒子的设计。将新的盒子拿到酒厂去后，酒厂的回复是：这墨绿色的盒子，像是青铜器，这种颜色根本卖不了。西凤，应该是大红的！但是我很坚持，对方最后说：

"那就试试吧。"

当时，国家授予西凤酒"中华老字号"招牌，牌匾就在酒厂大办公楼下面挂着呢。我看到了，就把"中华老字号"几个字的创意用到设计的酒瓶子上，酒厂领导看见了，说："胡闹什么呢，这是你能胡乱用的吗？"我说："你把'中华老字号'放箱子底下没用，就让我先试试看吧。"这一坚持，在白酒行业开创了将"中华老字号"打在酒瓶上的先例，还影响到后来，商务部专门将"中华老字号"注册并让企业使用。

开始生产后不久，就要确定定价了。我说，西凤的品牌这么好，就把西凤6年陈酿定在100元，15年陈酿定在200元。很多人都感觉不可思议。

2001年9月20日，在唐城宾馆，西凤6年、15年陈酿酒上市了。当时，陕西市场上的徽酒、苏酒特别多，西凤是为数不多的代表陕西跟外来品牌竞争的本土白酒。

当然，遇到的困难也是很多的，在创意和实施的过程中，吃的苦太多太多了……比如说，那时去机场的路没有现在这么好，我开车到机场后，把车放机场就坐飞机到重庆，落地后抓紧时间研究瓶形，完了以后赶紧再坐飞机回来，每次回来都在晚上11点到12点，可以说是披星戴月。

我说，陕西人都有一颗倔强的心，非要把事情干成不可。想想人家浙商，鸡毛飞上天呀，"白天当老板，晚上睡地板"。我为什么不学习他们这种精神呢？浙商，还有以前走西口的晋商，都激励我要去做好这事情。

要干事情就得发扬商业精神

正是在这种精神的激励下，西凤6年、15年陈酿酒创意过程用了不到半年时间，销售仅2年就突破亿元大关。应该说，我是销售西凤"第一个吃螃蟹的人"。西凤最早时全部品牌的年销售额不到3个亿，如今在西凤6年、

15 年陈酿酒的带动下，2014 年、2015 年达到 40 多个亿，2017 年达到 36 个亿。

我想，无论是浙商、晋商、徽商，还是我们西商，要干事情，就得发扬这样的商业精神。西商曾经出了很多有名的人物，比如说前阵子播出的《那年花开月正圆》里的周莹，就是激励我们的一位西商，她激励着我们去为陕西、为西安做贡献。

在营销模式上，我们也不断创新。我们的市级代理拥有相对独立的经营权，并负责管理县域代理。集团公司不干涉市级代理。县级代理又管理镇一级代理，镇一级代理管理村一级代理。每年集团公司对县域代理集中培训一次。集团不会设立分公司，因为分公司成立就相当于把市级代理这块的权拿了，他们的经营就不自由了。

可以自豪地说，到现在为止，我们西凤 6 年、15 年陈酿酒在全国白酒行业，单品销售额都是排在前四位、前五位的，从刚开始销售几箱，到现在每年销售 1000 多万瓶。陕西 3700 多万人，我们每年销售 1000 多万瓶，就是保证每年向每一个家庭销售一瓶西凤 6 年或 15 年陈酿酒。

用信仰来坚持捍卫品牌

从创业到现在，我们一直在拼搏坚持，用信仰来坚持，用我们的责任捍卫西商的荣誉，或者说是重塑西商形象。我们打拼到今天已 17 年了，这在全国白酒业界都属于奇迹。因为，白酒行业是"两三年喝倒一个品牌"，一般一个品牌充其量也就辉煌 10 年。现在，除了茅台、五粮液、洋河，西凤景气度仍很高，需求强劲。我们的大单品在支撑着西凤，每年为国家经济做出贡献，老百姓的口头禅是："有钱没钱，拿瓶 6 年；钱多钱少，15 年真好。"

前一阵，古井贡酒公司领导带着 40 个人的营销团队到我们这儿交流学习。他说："我们跟你打交道 10 多年，你能这样坚持至今，销售还这么好，

中西部陆港金融小镇

　　是什么力量支撑的？"我说："首先，我们坚持树立西商本土的品牌。用这种信仰、这种责任，来为陕西、为西安浇灌出一个老字号的新品牌，而且想影响一批有识之士，为西商打造更多的品牌。其次，用信仰坚持对品牌的服务和不断的耕耘与创新。只有这样子，才能让一个品牌永远立于不败之地。"

　　这么多年，在白酒行业，每年都有外省的品牌来抢市场份额。我说："我们要为本地的经济做贡献。因为我们销售额越大，创造的收益就越多。"

　　可以这样讲，外来白酒品牌要进入陕西、进入西安，都把我们当成他们第一个瞄准的对手品牌。他们没动身之前，先调研如何打败西凤6年、15年陈酿酒，把我们当成一个对标单位，只要把我们击败了，他们在陕西就成功了。年复一年，我们非常自豪！在西安乃至陕西，西凤6年、15年陈酿酒，销售额一直排在第一。为什么呢？我认为，这个品牌除了具备最基本的商业道德和诚信以外，更多的是一种信仰。一个本土品牌树立好了，给未来创业者们的是信念。

品质、时间和实力，是决定品牌的三大要素。其中，实力有软实力和硬实力。硬实力是你的资金，软实力是你的信仰，就是看你能不能坚守、坚持，遇到困难不气馁、不退缩。我自己认为，只要坚持把西凤6年、15年陈酿酒做下去，就是我们对西安、对陕西最大的贡献。

要自觉地承担起这个责任

钱财自古都是身外之物，取之于民用之于民。我现在是西凤酒厂的董事，我把西凤6年、15年陈酿酒品牌做成后，把41%的股份回馈给了酒厂。白酒界很多同行说我，不仅在全国没有先例，就是在全世界都没有你这样的商人！回馈的结果是什么？就是把每年上亿的利润给酒厂了。我说："没有西凤就没有我，因为我是西安人嘛。咱当年'走西口'到了宝鸡凤翔，跟人家去合作，有了西凤，才有了我的今天。我因销售西凤酒而富有，有了各种光环和荣誉，所以我应该有这样感恩的心。"为了感恩社会，我们还拿出1个亿，跟陕西省慈善协会合作，设立永久性的公益基金。我们还大量地做文化、体育、环卫等方面的公益，尽可能多地去回报社会。

我们举办的禧福祥大讲堂，旨在分享市场营销、企业制度与企业精神，树立员工的文化自信；我们在企业里开设习字阁，就是书写钢笔字的地方，还请陕西硬笔书法协会的一些大家来上课；我们跟《西安晚报》合作坚持举办青年散文大赛；跟《华商报》合作每年举办红五月千人诗歌朗诵大赛，还有红书包牵手活动；跟贾平凹文学研究院合作的禧福祥•贾平凹邀您共读书公益活动，每周都在基层举办。今年，禧福祥艺术团还要下乡，宣传十九大精神和我们美丽的大西安。同时，我们已经连续 3 年邀请全省乃至全国的合作伙伴来西安三日游，来看美丽的大西安，邀请他们上城墙，看曲江，逛高新，以此来宣传大西安，宣传美丽西安，让他们看西安这几年的变化，尤其是 2017 年以来西安的巨变。

去年西成高铁开通当天，我们冠名的"禧福祥•魅力西安号"也开通了，我们把西安的各种小吃及文化，就放在车厢内的桌板上。我们还在高铁上举办贾平凹邀您共读书活动，邀请省内著名朗诵艺术家在车厢里宣传西安文化，给乘客们送贾平凹老师的签名书。

当时，有汉中的朋友说："你一个卖酒的，干吗不改成酒的品牌，做啥子魅力西安呢？"我坚持不改，西安追赶超越，对标的是成都。改革开放初期，我们 GDP 超过成都 10 个点，现在成都超过我们 10 个点。作为西安市民，我们要自觉地承担起这个责任。

今年，我们将邀请全国各地初中以上的孩子，包括大学生，到西安来，带他们去参观贾平凹的创作地，感受碑林文化和关中书院，学习书法和优良传统文化。我们还要和中国作协在西安举办中短篇小说的评选，后边第二届就放在杭州。我们采取"走出去、请进来"的学习态度，来宣传我们陕西西安厚重的文化，同时走出去学习浙商锐意进取、改革创新的精神。

给西商更多的学习机会

白酒企业和销售车辆、电视机的企业一样，解决的都是当地的就业，确实为地方经济发展做了贡献，树立的也都是本土的品牌。

说实话，现在我们西商能在全国叫响的品牌并不多。以前，陕西有名的黄河彩电、白加黑、宝鸡啤酒等品牌，现在大多都倒下了。西安附近的袁家村，也就西安人和陕西人知道，其他省市几乎没有人知道。所以，西商必须树立自己的品牌，政府也要真心扶持民营企业，在社会上营造一个亲商、营商的好氛围，让西商真正挺起腰板为大西安的发展出力。希望政府与浙商等外来力量座谈时，也能邀请本地的商人代表参与，给广大西商更多的学习机会，让很多目前还在孤军作战的本土品牌，因为得到关注和扶持而更加壮大。

经商这么多年，我的感觉是：2017 年以来，西安商业发展进入了高速通道。我们很多经商的老板在一起私下交流时，都发自内心地为大西安的今天感到欣慰，甚至感觉自己血管里血流的速度都加快了好多。当然，作为西商的一分子，我们更希望，在市委、市政府的坚强领导下，在建设大西安、国家中心城市和国际化大都市多重机遇的叠加中，能有更多的本土品牌在全国叫得更响亮！

马超

借互联网
讲好西商文化故事

访谈时间：2018年4月1日

访谈地点：西安市碑林区

口述人简介：

　　马超，男，回族，1970年1月出生，河北保定人。1988年高中毕业后考入西安交通大学计算机专业，1998年10月到西饮集团同盛祥饭庄工作，2012年调入西饮集团老孙家饭庄。现为西旅集团西饮公司老孙家饭庄纪委书记兼副总经理。

老孙家泡馍历来都是西安的名片

老孙家饭庄于清光绪二十四年（1898）建店，最早由孙广贤和孙万年叔侄俩创建。老孙家饭庄是以经营西安牛羊肉泡馍为主的一家百年老店。过去，在几代厨师的努力和辛勤工作下，老孙家在河南、北京、新疆、宁夏、青海等省市区，以及省内西安、咸阳、杨凌、宝鸡等地都曾有分店。现在，老孙家有两家直营店，还有七八家特许加盟店。

至今，很多地方还提出想加盟老孙家。但我们觉得，泡馍是个地域性的食品，对肉、水、调料等都有很高的要求。泡馍只有西安有，出了西安的泡馍跟西安的口味有很大的区别。除了水的含碱量不同，还有秦川牛、陕北羊，包括一些调味品，这些都是西安特有的东西。到了外省市，有些口味就发生改变。我个人以为，来西安吃泡馍，才是正宗的。

老孙家过去是一家私人企业，在 20 世纪 50 年代公私合营后划为国有，现在是西安旅游集团西安饮食企业股份有限公司旗下的一家清真大店。牛羊肉泡馍是老孙家的龙头特色产品。老孙家对泡馍的选料，有严格的标准化要求。比如，牛肉选的是秦川牛，羊肉是陕北大尾羊，花椒是韩城大红袍，做饦饦馍的面粉是秦川小麦磨成，做出来的泡馍馍筋光滑、香气四溢。

历史悠久的老孙家泡馍，历来都是西安的一张名片。在全国，老孙家的知名度还是蛮高的。原中央军委副主席刘华清曾为老孙家题词"天下第一碗"；原国民党主席连战曾给老孙家题词"百年美味"。20 多年前，老孙家就提出了"到西安看兵马俑，吃老孙家牛羊肉泡馍，观西部清真饮食博物馆"的宣传口号。

经过百年的发展，老孙家目前经营的品种非常多，除了牛羊肉泡馍和清真大菜，还有羊肉饼、柿子饼、凉皮、肉夹馍、粉蒸肉等西安回坊的特色小吃。这几年，老孙家还做一些方便食品，包括方便牛羊肉泡馍，方便的自助泡馍，抽真空的腊牛肉、腊羊肉、酱牛肉、油茶，还自己研发了小酥肉丸子。

老孙家泡馍商标

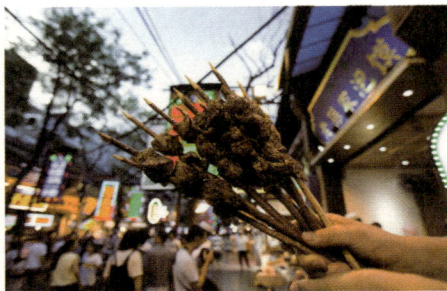

羊肉泡馍   烤肉

　　因为广泛的知名度，老孙家被陕西省和西安市多个会展大会选为供餐单位。老孙家跟曲江会展中心形成了常年的合作关系，是每年的丝博会、汽博会、茶博会等大会的供餐单位；跟曲江会议中心也签订了合作协议，为在这里举办的会议提供用餐。

用互联网讲好老字号的文化故事

　　现在是互联网时代，电商销售成为潮流。互联网带给实体店最大的现实问题，就是很多年轻人对饭店餐饮行业不接受也不认可。可以想见，今后餐饮店的品种会越来越单一，经营面积会越来越小，经营的楼层也可能越来越高。现在，北京、上海已经显现出餐饮店楼宇化、经营品种单一化的趋势，单产品单店越来越多，网上外卖都是很单一的品种。

像老孙家这种民族清真老字号，承担着为各个消费层次的人提供服务的任务。这种大而全的经营模式，在现实中必然会遇到一些困难，所以建议政府给老字号以更多的扶持和关心，要引领这些老字号走出去，为这些老字号的开店、发展提供绿色通道，甚至可借助政府召开的一些大会，主推这些老字号。

过去的东大街，几乎是餐饮老字号一条街，像春发祥、西安饭庄、清雅斋、白云章、五一烤鸭店，还有咱们老孙家，等等。现在，只剩老孙家一家店了。

西成高铁开通后，很多西安人都喜欢到成都，很大程度上缘于成都政府的大力宣传。其实成都的主打餐饮就是一个火锅，主打商品就是一个火锅，根本没有西安的小吃丰富。成都用火锅带动了当地经济的发展，包括青城山、都江堰、乐山大佛、峨眉山及市内的杜甫草堂、宽窄巷子等。咱们西安正在对标成都，追赶超越，今年春节西安市开展的"西安年·最中国"活动就特别好。

老孙家正视互联网冲击实体店这一现实变化，2017 年成立了专门的电商团队，负责在淘宝、拼多多等第三方平台的线上销售。从去年 8 月份正式上线，到去年底，老孙家的粉丝不仅遍布陕西本土各个省辖市，还在北京、上海等一线城市，以及西北的新疆、南方的广西等地拥有粉丝。2017 年 8 月，咱老孙家是一颗钻，现在已经升到五颗钻了。从反馈来看，大家对老孙家用电商手段销售工业化食品比较感兴趣。

现在，我们老孙家加大了网上订餐的推送力度，除与饿了么、美团等大的电商平台合作外，还不定期地在今日头条、西瓜视频、抖音、优酷、悟空问答等平台播放老孙家的视频短片，有些视频的点击量和传播量还非常高。

咱们老孙家电商主推的产品中，有一个甑糕，这也是西安的一个特色产品。光甑糕这一个品种，我们就卖了几万盒。为啥卖这么多？因为热播剧《那年花开月正圆》里，女一号周莹最爱吃甑糕。我们这个产品，起初一天几十

2018 "西安年·最中国"

盒、一二百盒，电视连续剧一播放，一天几百盒、上千盒地卖，这就是文化带动饮食的典型案例。传统老字号要学会运用第三方自媒体传播平台，要积极主动地与电商平台合作，学会用互联网技术讲好老字号的文化故事。

有看头，有听头，有品头，有吃头，有回头

2018年，是西安市确定的西安旅游元年。"西安年·最中国"活动刚刚结束，"春满中国·醉西安"的活动就相继展开。我们老孙家积极响应市上的主题活动号召，在饭店内部搞了个"春之鲜"活动，采用香椿、青笋、竹笋等春季专有的食材，研发出一些适合食客的新产品，像新推出的青笋泡馍、春芽肉饼等产品，就是在传统泡馍里加一些应季食材，让笋片和泡馍有

机结合，满足天南海北游客不同的口味需要。很多外地游客都觉得，来到西安就应该吃泡馍，没吃泡馍就好像没到西安来一样。至于这个泡馍适合不适合自己的口味，在西安就不会那么挑剔。关键是来西安，吃了，见了，泡馍原来是这样一种食物。

而对西安或者陕西的本地人来说，泡馍的口味则是记忆中的一个口味。就像一个西安人住所的楼下开了一个某某家泡馍馆，他老在这家吃，这家泡馍的口味就成了一种记忆性的口味。他再到其他店吃泡馍，总是拿常吃的楼底下这家泡馍的味道，去衡量别家的味道。

实际上真正泡馍的味道，也就是咱西饮公司的两家泡馍店：一个老孙家，一个同盛祥。因为西饮公司在大力推进泡馍的标准化，也在做菜品的标准化。泡馍的标准化是非常严格的，像牛羊肉的选材、调料的选材、对火候的把握、对操作过程的掌握、对泡馍文化的介绍，以及泡馍的种类、吃泡馍怎么吃、掰馍怎么掰等等，都有一个完整的流程。掰馍讲究掰撕掐抖，有口汤、干泡、水围城、单走等好多种吃法，吃泡馍一般都是蚕食、顺边吃。

泡馍这个东西看似简单，其实它蕴含着地域文化，包括丝绸之路的民族文化。

为了弘扬泡馍文化，老孙家在规划东关店时，就在4楼建了一个占地面积1000平方米的西部清真饮食文化博物馆。饮食博物馆在全国各地，尤其是在南方是很普遍的，像成都就建了川菜博物馆。我们搞这个西部清真饮食文化博物馆，主要是弘扬和传承老孙家泡馍文化，包括清真饮食文化。这个博物馆建成10年来，凡是来老孙家就餐的客人，都会到博物馆进行参观。我们博物馆也成为碑林区乃至西安市一些学校的研学场地。

下一步，我们想对博物馆藏品进行扩充。不是面积的扩建，而是在馆藏量上进行丰富和填补，展示包括回民婚丧嫁娶吃的食物，以及西安回民用过的一些老物件，家里餐饮的老碗等老的餐具、用具。我们准备挖掘和整理这方面的资料，填补到博物馆。如果能得到扶持资金的话，我还想把4楼整个做成一个（应用）声、光、电（技术）的现代化的博物馆。

说白了，就是让食客进入老孙家后，有看头，有听头，有品头，有吃头。最后，还要有回头客。

老孙家跟同盛祥都是西商的老字号，两家餐饮企业的文化积淀实际上是很深的。泡馍是一个地域性的饮食文化，咱们有责任培养下一代泡馍的继承人，包括吃泡馍的继承人。

20世纪五六十年代，那一拨老人对吃泡馍是很讲究的。现在随着外来食品特别是快餐食品的冲击，现在的年轻人及以后的年轻人，他们对这种传统的、具有地域性的食品还能否接受，这是我们必须考虑的。所以，我们博物馆提出大力搞食客互动、亲身体验活动。我们设立隔断，让食客在里面打饦饦馍，举办老孙家泡馍争霸赛。搞泡馍比赛，实际上也是宣传泡馍文化，让更多的年轻人更好地接受泡馍文化。

人们接受某一个东西，首先接受的是它的文化，接受了它的文化，随后的一切都好接受。所以，我们要传承和宣传咱们自己的这种泡馍文化，还有民族文化、地域文化，来让广大消费者对企业认可，对泡馍产品接纳和认可。

地方小吃和服装一样，面料都一样，品牌不一样价值就不一样。好比说耐克跟李宁，面料有啥区别？无非在颜色搭配上，可能比李宁等国产品牌好一点儿，样式上比李宁能好一点儿，但是同样的东西放在这儿，很多人会选择耐克，却不选李宁等国产品牌。这现象的背后，其实体现出来的是文化，是品牌的差距。

西安有文化基因的小吃还是蛮多的。蓼花糖据说是杨贵妃吃过的，另外，肉夹馍、酸梅汤等也都有故事。如果能把这些小吃推到全国各地，简简单单做成几个组合套餐，就跟肯德基、麦当劳、必胜客是一样的。肯德基、麦当劳进入中国，让中国年轻人接触他们的文化，吃的是他们的产品。现在逐渐开始售卖中国本土的产品了，肯德基也卖油条，这说白了就是卖中国的东西。咱们1元的油条没人吃，肯德基4元的油条抢着吃，这实际上就是一种文化变现的做法。

西安小吃要向兰州拉面、沙县小吃学习

　　过去老人们爱说，关中土壤肥沃、气候适宜，是一个长治久安的地方。和地懒人勤的南方相比，关中是地勤人懒。我建议，政府应该引领西商老字号，尤其是民族文化品牌走出去，前往兄弟省市，多搞交流活动。如果只靠企业自身的力量去某地，跟当地的一些私人小饭馆合作，那根本成不了气候。

　　甘肃的兰州拉面为什么会火遍全国？那是政府推动的结果。在各地都能看到兰州拉面，一清二白三绿四红，招牌的字体、颜色、Logo，包括墙上贴的菜谱，都是一样的。沙县小吃门店众多，也是地方政府推动的结果。西安小吃在全国知名度很高，咱们的肉夹馍、凉皮遍地开花，但大多属于民间行为，没有官方组织，很难形成规模效应。我经常在全国各地开会、出差，看见一次兰州拉面，就感受一次餐饮文化输出带来的强势效应。作为西安的餐饮人，我真是深感惭愧呀！

　　除了兰州拉面和沙县小吃这样集中政府力量推广地方餐饮的做法之外，很多城市都有特色文化一条街，像上海的南京路、北京的王府井，就是老百货店、老服装城。北京餐饮的全聚德，做丝绸的、做鞋的老字号都在王府井里呢。西安过去最火的是解放路，解放路为啥火？因为有个民生，有个解放路饺子馆，还有西安最早的一家川菜馆——聚丰源。解放路饺子馆是咱西安二级企业，全国各地的餐饮来饺子馆学习，学习他们的理念。后来，解放路商业衰败，餐饮衰败，人气转向东大街。

　　东大街实际上特指骡马市，骡马市都是那种街头叫卖的沿街小铺子，牛毛毡棚，但市场繁华，人流量大。现在的东大街，以前是端履门到钟楼这块儿人比较多，最近可以说从柏树林到民生，从柳巷口到钟楼，这个区域的人能多一点儿。

　　要提升西商形象，西安就要在城墙内的 4 条大街上下功夫，让东大街、南大街、西大街、北大街各具特色。过去我在钟楼上班，有时候就说，西大

街是以回坊产品为主，南大街卖高端产品，东大街卖中等品牌。其实，沿着这个思路，建议开发西商老字号餐饮一条街，把西安饭庄、老孙家、德发长、同盛祥、西安烤鸭店、聚丰源、解放路饺子馆、春发生，包括原来的东亚饭店等全都聚集起来发展。这些老字号，各有各的故事，各有各的文化。西安饭庄以陕菜为主；同盛祥和老孙家以牛羊肉泡馍、清真食品为主；德发长的特色是饺子；西安烤鸭店的烤鸭体现的是长安文化，在清朝后期才传到北京的。

还有，酸梅汤在北京卖，在西安也卖，这是过去典型的宫廷饮品，是皇帝喝的东西；北京的驴打滚和老孙家的芝麻凉糕是近似的。这些小吃，都是宫廷的东西，西安毕竟是十三朝古都。

我建议，西安的餐饮打组合拳，打造一条街。比如，在西大街打造一条步行街，在钟鼓楼那儿修个大的地下停车场，以竹笆市为入口，把西门好好装修一番，里头除了搞餐饮，还可以跑洋车观光，等等。当然，还要把西安附近区县的农产品，比如富平的吊柿饼，杨凌、武功、兴平的大蒜，韩城的大红袍花椒，秦川的小麦等都带上，让游客体验真正的关中文化。

有人举例说，如果西安每日接待游客约1万人次，就有3000人跑到袁家村和马嵬驿了。袁家村和马嵬驿，我都去过，主要卖当地农家产品，还有陕北的产品。全国各地的人，来了西安都爱去马嵬驿和袁家村。为啥？他们认为，那里有关中文化在。如果我们大西安有了西商老字号餐饮一条街的话，那么来西安的客人肯定要去逛，就像到上海肯定去南京路，到北京肯定去王府井那样。

除了打造西商老字号餐饮一条街这个有形的东西之外，西安还要大力宣传西商老字号无形的文化。像中央电视台搞诗词大会、成语大会、谜语大会那样，西安也可以搞一个西商老字号大会，通过一些会议活动向东南西北的来客宣传西商的文化、西商的精神，从而提振西安这座城市的精气神，让西安人更爱西安，让外地人也爱上西安，来了不想走，走了还想再来。

马绪斌
光大"仁心孝世"的家训

访谈时间：2018 年 3 月 19 日

访谈地点：西安市雁塔区

口述人简介：

　　马绪斌，男，汉族，1974 年 6 月出生，陕西眉县人。国家级"非遗"项目马明仁膏药制作技艺的第 6 代传承人。为弘扬祖传的膏药技术，于 2001 年创办公司，构建了从研发、生产、销售再到门店服务的一整套体系，连锁店遍布 29 个省市自治区。现为西安明仁医药保健品有限责任公司董事长。

"腰疼腿疼风湿骨刺，就贴马明仁膏药"

马明仁膏药，是 150 多年前我太爷爷的爷爷马六懿独创的。清朝咸丰十年，也就是 1860 年，马六懿在河南巩县开办了马氏药铺，为当地乡亲祛除病痛。

因为他医术高明，清廷太医院曾邀请他入宫，他以"医者之心，不在庙堂之上，而在济世救民，而民乃国之根本"婉言谢绝。

后来，马六懿将此方传给其子马金福，马金福传给我太爷爷马明仁，我太爷爷又传给我爷爷马树印，我爷爷再传给我父亲马新荣，我父亲后来又传给了我。

因为我们这个膏药中有一味药叫马钱子，马钱子祛风除湿、活血化瘀、消肿镇痛效果非常好，所以马六懿把这个膏药叫"马钱膏"或者"马钱风湿膏"。有的人以为我们的创始人叫马钱风，因为我们的膏药就叫马钱风湿膏，很多人就问："你们膏药的创始人是不是叫马钱风？"后来为了方便，大家都叫马家膏药或者马氏膏药。现在，我们统一叫它为"马明仁膏药"。

之所以叫马明仁膏药，这里面有个故事——

1936 年深秋，杨虎城将军腰疾发作，针灸、喝汤药、吃丸药等法子都使了，但三五天还不见好，最后就请我太爷爷马明仁到止园去给他看腰疾。我太爷爷用了推拿手法后，就把膏药贴上了。

第二天，杨虎城就能够下床了，在院子里边散步边说："喝五日汤药，不如马明仁的一贴膏药。"他的影响力比较大，好多人就记住了他这话。于是，"腰疼腿疼风湿骨刺，就贴马明仁膏药"就传开了。

马明仁膏药的品牌口碑，从那时候起逐渐形成了。

光绪三十年，即 1904 年，因为农民起义的缘故，我们家从河南搬到了太白山下的眉县槐芽镇。

之所以要搬到这里，是因为祖上很敬仰太白山，很早就听说太白山有"奇药"。因为药用了以后有奇效，所以大家把太白山的一些野生草药叫"奇药"。

槐芽镇离太白山非常近，几个小时就能进山采挖中草药了。马明仁先生医术非常好，在前人的基础上有所总结和提升，他融入了在楼观台学的炼丹术，炼得红升丹、白降丹，把丹药和膏药联合使用，拔毒、去腐、生肌，对一些皮肤顽固性疾病效果非常好。我们家用的是四仙丹，消肿、镇痛效果特别好。

马明仁

然而，祖先留下的这些宝贵的东西，却被我这个学过西医的人，曾经在很长一段时间里看不起，觉得他们搞的这一套不科学，整天都是朦朦胧胧的，很抽象。你看西医多科学，骨骼、肌肉、神经、血管、淋巴等，每一个脏器的功能讲得很清楚；而中医一会儿肝虚了，一会儿肾虚了，一会儿气虚，一会儿脾虚，让人搞不明白。

把控好每个细节才能做出好药

1994 年，我从宝鸡卫校医师专业毕业后，通过成人高考考到西安医科大学（现西安交通大学医学部）上了 3 年大专，对西医有了比较透彻的认识。从医科大学毕业后，还在省医院东边的省康复中心干了 3 年。后来，当干了 20 多年中医后，我才发现中医确实厉害。

你认为中医不科学，是因为你不了解，是你不懂，等你了解了它，懂得它，你能觉着它是哲学。中医是哲学，是一种辩证的治疗思路，你要用科学来证明哲学，是不可能的。

现在，我喜欢一有时间就琢磨中医，研究它。中医确实很深奥，它的辩证思路很严谨。在中药的五大剂型——汤、丸、膏、丹、散中，膏药是最方便、最廉价、效果最好、所有人都能用得起的，正因为它简、便、验、廉的特点，膏药才能发展得非常好，传承了1000多年还始终让人喜欢。

制作膏药所用的器具都比较简陋，就几个锅、罩、滤及一些纱布，或者有时搅拌会用到能够去火毒的五枝、陶盆，到最后再用陶罐密封埋到地下就行了。

但是，对人的要求特别的高，对人特别挑，需要一个有悟性、有经验、能够总结、能够辨证的人。这样的人，能在制药中发现每一个细节，能把每一个细节把控好，才能做出好药。

干了20年，我学会了行医制药的一些道理，更多的是学会了做人做事情，这确实是我最初没有想到的。

2001年，我注册成立了西安明仁医药保健品有限责任公司。其实，我父亲希望我传承祖业，当个给人看病的好大夫，膏药只是其中很小的一部分。

所以，起初家里人都反对我注册公司专门来做膏药。父亲说："我培养你这么多年，难道就是为了让你卖膏药吗？"他不理解我的行为，"我培养你是为了让你成为医生，你成为医生以后，我们才觉得光宗耀祖。你成为一个卖膏药的，我们都不能接受。"

但我认为，一个医生的力量，说到底还是很有限的。我要是一个医生的话，坐到诊室去看病，一天最多看100个病人。如果把这个好膏药推广了，能给全国更多的人解除痛苦。况且，我们也不是简单地卖膏药，而是一定要先给别人诊断，看他对不对症、能不能用我们这个药，确实对症了，才给他在穴位上贴这个膏药。

2003年，我在国家商标局注册了马明仁的商标。现在，我们有1200家马明仁膏药铺，全国3700名专职人员每天能给1万多人解除病痛，1年下来就能给三四百万人解除风湿骨痛、颈肩腰腿痛。新加坡、美国等国家的华侨，还在国外做了我们的代理。这也是我很自豪的一点。

马氏家训"仁心孝世"是病人送的

我这样做，是受我们马氏家训"仁心孝世"理念的影响。这 4 个字，是咸丰年间病人送给马六懿先生的。

我对这 4 个字的理解，就是对所有人都要好一点儿。人不能只对自己好、只对亲朋好，必须对别人也要好一点儿，对别人就像对你自己的兄弟、父母、姐妹一样。这 4 个字的道理非常深，跟道家的"上善若水"是等同的，都到了无法超越的至高境界。对待患者，就像对待父母亲人那样，能够替病人想，急病人之所急。

以前，"仁心孝世"是我做人做事的一个最高标准；现在，"仁心孝世"是我的信仰。我只要凭着良心去做药，凭着良心去对待每一位顾客，公司就不会垮掉，不存在风险压力。你只要对人好，自然就会活得非常好，非常健康、非常壮实地发展。

文化部非遗司的一个专家来陕西，听说我们还在传承着传统技法制作膏药，非常感兴趣。看完制作过程以后，专家说，这项目挺好的，膏药是中华民族独有的，也是中华医药中的典型代表。如果给外国人拿其他的药，对方可能认不出来，但是拿膏药出来，他一定能认得出来是中国的膏药。

传统技法制作膏药应受到文化保护和传承。马明仁膏药的制作技艺已经入选国家级非物质文化遗产保护名录，让我感到欣慰。

马明仁膏药制作技艺被评为"国家级非物质文化遗产代表性项目"

膏药里传承着养生智慧和东方秘密

我觉得，膏药虽然是中国最普遍的一个方药，尽管很多人都看不起它，说什么"狗皮膏药登不了大雅之堂"之类的话，但大家确实离不开它。

因为，膏药里传承着我们几千年的养生智慧和东方秘密。比如，我们的黑膏药，是用香油把药材先浸泡多少天，然后再用慢火炸。炸的温度达200多摄氏度，炸上半个小时到一个小时。把它炸枯后，扔掉，再用这药油。

这么高的温度，按说有效成分都破坏了，但恰恰相反，它这个药效要优于现代科学技术提纯出来的膏药。几百种药物成分，在高温油锅里煎煮熬制，合成了新的药，又进而升级成了更新的药——黑膏药。

评上国家级"非遗"项目之后，我们对药材的质量抓得更严了。我们让每位供应药材的人只负责几味药，送来的药先经过我和父亲的检验。我们先看先尝，或者用火烧，或者扔到水里看。

这些经验，都是来自于先辈几千年的经验总结。眼睛看，掰断看断面，甚至用放大镜看；用口尝，尝它的味道；用鼻闻，闻它的气味。有的用水来鉴别，有的用火来鉴别。通过我们这一关以后，再进入实验室鉴别。

目前，我们正在太白山郁郁葱葱的浅山地带，建设一个900多平方米的马明仁膏药"非遗"传习所。

在那里，可以看到我们炮制中药材，还有熬膏、制药、炼丹的全过程。当地政府给予了极大支持，为传习所的修建提供了便利。

作为中药传承人，我现在有十四五名弟子。我们收徒，有"三收三不收"，即意正心诚、怀忠义之心者收，淡泊名利、怀克己之心者收，人心宽厚、怀济世之心者收；心术不正、无仁孝之心者不收，见利忘义、无敬畏之心者不收，作奸犯科、无慎独之心者不收。

以前，我们马家膏药是祖传的，但我想没有必要那么保守。重要的是，把祖宗留下的这个好东西传下去，能让更多的人享用。

其实，只要用心去学、用心去做，没有任何私心杂念，态度始终端正，特别认真做上10年、15年，就能把事情干成。

我们这手艺的传承，完全就是凭着坚定的信念。一个人也罢，一个产品也罢，只要想活下去，谁也灭不掉。

患者进店想购买也不能卖

现在，我的这些弟子都在西安总部，他们每年都去各地门店巡回坐诊，跟着我学习技艺。

我们的原则是患者进店是不能直接购买膏药的，就算他要购买也不答应。一定是让患者先试。患者来了，我们先看一下，有片子看片子，没片子手诊检查。因为，颈椎在体表都有特征，都能数得清。我们认为患者贴哪个药适合就给他用哪个药，免费给他试一下。

如果第一次试的效果好，第二次可以购买；如果是贴的过程中有问题，那就不行，那就给你换一个。

我有一个感觉，就是中医药传承的春天正在到来。中医药文化越来越受到人们的重视和欢迎。

从管理层面来看，国家允许开设中医诊所了，卫生部门也承认了中医药的师承。这两点，是非常好的信号。

现在，大西安建设正如火如荼。西安位居秦岭脚下，秦岭有着极其丰富的中药资源。西安比任何一座城市都更适合发展中医药文化。目前，国家对药品的管理主要是参照西药的标准来的，还没有出台由中药国医大师参与编写的中药标准，尤其是没有民间方剂类药品的标准。我建议，蓬勃向上的大西安，在这方面先行一步。

我们要重视传统中医药学，就不能在管理传统中药时简单沿用西药的标准，而应该用传统的标准来管理传统的事业！

我建议，西安组织中医专家，公正地制定出中医药发展的地方标准，并通过地方法规的形式确认下来，切实为中医药的发展提供标准，促进西安中医药文化的发展！

这样才是"仁心孝世"真正的发扬光大！

马波

打造"一带一路"
代表性的美食

访谈时间: 2018 年 3 月 21 日

访谈地点: 西安市莲湖区

口述人简介:

    马波,男,回族,1979 年出生,陕西西安人。1998 年从学校毕业后,被分配到西安同盛祥饭庄工作,历任饭庄电工、业务经营、采购、管店、副总经理等职,见证了百年老店同盛祥饭庄近 20 年的发展历程。现为西旅集团西饮公司同盛祥饭庄党支部书记、常务副总经理。

牛羊肉泡馍是丝绸之路的产物

我叫马波，是咱西安莲湖区回坊人，1998 年从学校毕业以后，就分配进入同盛祥饭庄工作，一干就是 20 年。我自己非常热爱这个行业，在这里学习了很多美食的文化，特别是西安回坊的饮食文化。

同盛祥饭庄是西商的老字号，也是西安回坊的老字号，主要经营着传统产品牛羊肉泡馍。牛羊肉泡馍可以说是陕西和西安的一个文化符号，我非常热爱和喜欢它。

同盛祥饭庄始建于 1920 年，当时是张文祥三个兄弟在竹笆市开的店。为什么取名叫同盛祥呢？寓意为这三兄弟的这个店要"同兴盛、共吉祥"。

最早，同盛祥饭庄是卖早点的，卖咱西安传统的水盆羊肉，后来经过慢慢发展和不断壮大，从十几平方米的小店、7 个员工，发展到现在近万平方米的店面、300 多个员工，而且还获得了国家级非物质文化遗产、中华老字号、中国餐饮名店、五星级中国特色饭店等荣誉。

同盛祥泡馍

我们的牛羊肉泡馍制作技艺，为什么会被收录进国家级非物质文化遗产名录？因为，同盛祥饭庄自1920年开业到现在，虽然掌勺师傅经过了4代，但没有歇过1天业，同盛祥的口味没有改变过，我们每天都在卖着陕西人、西安人非常喜爱的牛羊肉泡馍。

实际上，牛羊肉泡馍是丝绸之路中西结合的产物。相传，西周时，中原就有将"牛羊羹"列为国王、诸侯"礼馔"的习俗。盛唐时，来自波斯、阿拉伯等地的中亚商人，把一些外域食品带到了长安。定居长安的穆斯林在古代羊羹的基础上不断加以改进，特别使用了"图尔姆"，即胡饼——跟馕一样的饦饦馍，便形成了今天的牛羊肉泡馍。

西安回坊人为什么能把牛羊肉泡馍做得这么好？实际上牛羊肉泡馍的主要调料——花椒、八角等，这些都是舶来品，都是从阿拉伯国家传入中国的，所以在清真餐馆吃饭（能感觉到）调料味比较重，香料用得比较多，能把羊的膻味儿遮掉，羊肉就很美味。牛羊肉泡馍，是中原文化和西域文化相互交流，民族饮食文化融合的产物，后经历代不断发展完善，流传至今。

所以，我们在10多年前，就用康居、大宛、大夏、大秦等古丝绸之路国家名，来给每个包间命名，用独特的丝路文化来迎接八方来客品尝咱们陕西、西安的饮食。

用传统的方法煮每天的新汤

我们同盛祥的牛羊肉泡馍，配料考究，做工精细，烹制方法独特，形成了"料重味醇、肉烂汤浓、馍筋光滑、香气四溢"的独特风味。我们选的牛肉是秦川牛，羊肉是横山羊和盐池羊。在加工过程中，我们用传统的方法，煮每天的新汤。

同盛祥的羊肉汤在选料制作上相当讲究。一定要用当天宰的优质羊肉，反复漂洗冲刷干净，每天下午2点将骨头投入汤锅，5点将肉投入汤锅，一直煮到第二天早晨 6 点，共计十五六个小时。七八百斤肉，出汤才六七百斤，一斤肉不到一斤汤。

我们对使用的调料也十分讲究，如用的花椒。每年到花椒下来的季节，传承人都会在韩城住一到两个月，找最好的阳坡的花椒，全面收购颗粒大的、颜色好的、饱满的花椒。这是我们品质得以保证的前提。

同盛祥在香料配方上，讲究"小香为主，花椒出头"的口味。优质小茴香用量大，煮出来的肉和汤不仅味美，而且颜色金黄清亮。"花椒出头"，使泡馍略带麻味，富有民族风味。而且，各店面由总店面统一配送，保证了口味的一贯性和一致性。

同盛祥饭庄能发展到现在这样，全是党和政府支持的结果。1956 年公私合营，同盛祥饭庄从一个私人店变成国营企业，从此迎来了发展的春天。

张文祥当时是私方经理，国家派的公方经理就是书记，和他一同管理。后来，张文祥退休了，饭庄就由国家直管了。

"易俗社的戏，同盛祥的饭"

近百年来，同盛祥先后出现了 4 代传承人，第 1 代是陈生杰和马子正，第 2 代是孙忠祥和郭海柱，第 3 代是马树桥和铁启武，第 4 代是乌平和马贵军。我们现在的牛羊肉泡馍工艺，就是通过这 4 代师傅们传承的传统方法制作的，以至于市民中流传"易俗社的戏，同盛祥的饭"这么一句话，意思是说，易俗社的戏是西安人非常喜爱的精神食粮，而大家最喜爱的物质食粮则是同盛祥的牛羊肉泡馍。

同盛祥饭庄在技艺的传承和人才的培养上，有着自己独特的办法。因为餐饮行业比较苦，比较累，所以我们通过各种渠道，把回族青年招进来，学习和传承这个传统的手艺。

我们每一个大师傅每年都有带徒计划，都要带着年轻人学习牛羊肉泡馍的制作技法，把咱们非物质文化遗产的技艺很好地传承下去，这也是我们作为清真餐饮人，作为西安饮食公司义不容辞的责任和义务。

在西安市民和回坊群众中，至今还流传着一个关于第一代掌勺师傅陈生杰大师的故事。他有一套全面的剥、剔、砍、煮、捞、泡绝活，煮出的肉不膻不腻酥烂可口，煮的馍不糊不散光筋绵韧，做出的肉汤金黄清亮香气四溢。

有一回，他代表饭庄去北京钓鱼台为中央首长烹制牛羊肉泡馍，陈毅元帅吃完以后赞不绝口。他放弃了为陈毅元帅当家庭厨师的机会，毅然回到同盛祥，继续掌勺煮馍。

手卷甑糕

凉皮

麻辣羊蹄子

油泼辣子

蛋筒装的甑糕成了爆款

我们的饭庄接待过很多国家的元首，特别是阿拉伯国家的元首。因为同盛祥是清真饭庄，所以很多阿拉伯国家的领导人到西安后，一定要来品尝同盛祥的牛羊肉泡馍。我们在 4 楼贵宾部也设立了专门的礼拜堂，供他们做礼拜用。

作为西安的一个窗口单位，同盛祥饭庄在近 100 年的发展历史中，不仅接待了很多的外国元首和国际友人，还接待过成百上千的各界名流。1992年，国画大师黄胄在同盛祥吃完泡馍，非常开心，还为我们题写了"天下第一碗"，现在这幅字还留在我们饭庄。

牛羊肉泡馍是西安百姓非常喜欢的食品，现在外出打拼的西安人越来越多了，他们多多少少都会有一些思乡情，都想在外面吃到正宗的牛羊肉泡馍。

同盛祥（雕塑）

所以，我们近几年通过不断研发，推出了和方便面一样的方便牛肉泡馍，包括现在推出的微泡馍，就是在火车上可以加热的泡馍，也是适应市场发展的产物，满足了消费者的需求。

我们的腊牛肉、腊羊肉、酱牛肉、糖蒜等真空产品推出后，销量很不错。2017年4月，我们还推出了网上卖得很火的手卷甑糕。以前，大家是拿着碗吃甑糕，后来又拿饭盒吃，我们让大家扔掉碗和饭盒卷着吃，就是拿蛋卷把甑糕装上，把它打成冰淇淋那样。在商场里面，在任何地方，女士也好，先生也好，在吃甑糕时更加美观，更加方便。

我们聘请新中华甜食店的王稳记大师来蒸这个甑糕，也是对老产品和老工艺的传承。通过我们的传承和年轻人的创新，推出了新包装，重新打造出这样一个爆款的产品，有时这个单品一天就能销售四五万元。

作为传承和发展国家级"非遗"项目的餐饮人，我们非常注重将同盛祥饭庄的品牌价值和西安市的重大活动结合，产生"1+1>2"的效果。2018年春节期间，市上举办了"西安年·最中国"活动，我们借势而上，仅从饭庄的收入和接待人次来看，就比去年春节增长了40%~50%。

希望规范牛羊肉泡馍的技艺标准

今年，我们要趁着大西安发展的机遇，让同盛祥饭庄走得更远，走得更好。2017年11月，我们在曲江开了个小店；今年，再在曲江开个800平方米的大店。

下一步，我们想把牛羊肉泡馍打造成为"一带一路"最具代表性的美食，将会朝外省发展，甚至到阿拉伯国家进行国际化的发展，把同盛祥越做越大，越做越强。

同盛祥这个品牌，是咱陕西和西安的特色品牌，我们通过所经营的产品载体，把这品牌推广出去，实际上就是把咱们的西商精神宣传出去了。

实际上，在企业的运行中，老字号企业有老字号运行的困难，主要是传承中人才的培养问题。

虽然，我们在不遗余力地做人才培养，但餐饮行业又苦又累，很多年轻人都不愿意干，我们也搞名师带高徒的活动，但年轻人在餐饮行业的成长速度还是比较慢的。

因为这是纯手工的行业，一个厨师成长起来，需要 12 个年头，所以在传承这块儿，我们还需要政策上的补贴和支持，希望给我们多搭些平台，搭一些桥，能让我们走出去。

此外，我们希望规范牛羊肉泡馍的技艺标准，企业发展一定是要走标准化道路，这样，企业才能够走得更远，走得更好。因为，产品的所有工序都标准化的时候，可复制性很强，才可以做得更好。比如，从打馍、调汤、肉的选料等，一直到制作出锅，都是标准化。再比如，用的粉丝是多少克，用的葱花是多少克，盐是多少克，两个馍加多少汤，一个馍加多少汤，做成口汤加多少汤，做出来是干泡加多少汤……这个都应该有严格的标准。

我们就是这样，非常注重标准化，包括对中餐的标准化，对牛羊肉泡馍的标准化，对小食品的标准化，我们都在通过标准的制定来保证企业产品的品质，让客人在西安也好，在北京也好，在全国各地也好，都能够吃到一碗正宗的牛羊肉泡馍。

请给泡馍师发张等级评定证

牛羊肉泡馍是陕西、是西安的一个文化符号，但是至今还没有相关部门对牛羊肉泡馍的等级进行评定，这实际上也是个管理的空白。比如中餐领域，面点有面点师，中餐有烹饪大师，等等，但至今没有中级泡馍师、高级泡馍师之类的评定认证，更没有泡馍大师的评定。

虽然咱们有国家级牛羊肉泡馍的"非遗"传承人，但是很多的泡馍师傅没有等级，只能去考中餐的一个等级，像中级烹调师、高级烹调师之类的。这需要我们企业和政府的人社部门一块儿努力，给泡馍师傅发一张相应的等级评定证书。

这个泡馍等级证，就是对泡馍师傅技术的认定。如果一个泡馍师傅干了 3 年 5 年，技术还不错，就可以获得相应的初级等级认证，再干个三五年获得中级认证，最后再获得高级认证。

那么，当泡馍师傅取得高级认证的时候，就可以拿到 8000 至 10000 元的工资，就会促使大家来学这个技术。等级到那儿，就能拿到那个工资，现在咱没有等级。不然的话，可能会出现泡馍制作技术好，工资却比较低的情况。

牛羊肉泡馍的源头在陕西，在西安。据不完全统计，西安的泡馍馆就有 2000 多家，甚至更多，一家店铺里面最少三四个泡馍厨师，还不算煮肉的，你算一下，有多少人在这个行业里就业？这是西安城的情况，还别说陕西省其他地方了，所以说泡馍是陕西非常大的一个产业，我们更应该关注这个行业的问题。不然，很多泡馍师傅干了一辈子，也没办法拿出中餐师傅那样能表明自己技术等级的证书，没有办法证明自己的实力，除非他们现场做一碗泡馍来展示。

因此，我建议给泡馍师傅进行等级评定，发等级证，促进牛羊肉泡馍行业人才发展。做好这件事情，有助于咱们的牛羊肉泡馍走得更远。

宋济身
竭力复兴传世品牌
藻露堂

访 谈 时 间：2018 年 4 月 3 日

访 谈 地 点：西安市雁塔区

口述人简介：

　　宋济身，男，汉族，1959 年出生，湖北荆州人。20 世纪 70 年代初，跟随父辈学习传统中医药知识，练就了扎实的童子功。恢复高考第 2 年，考取了陕西中医学院。20 世纪 80 年代成立西安藻露堂国药研究所，是藻露堂的第 10代传人，数十年致力于 400 年传世品牌藻露堂的复兴。现为西安藻露堂中医医院院长。

藻露堂是丝路中医药文化的样板

我本叫宋毅，字济身，大家都叫我"宋济身"，是藻露堂的第10代传人。1983年我从陕西中医学院毕业后，一直在传统中医药领域工作。几十年来的夙愿就是复兴藻露堂，绝不让这个有着400年历史的传世品牌，毁在我们这一代人的手里！

藻露堂是由湖北人士宋林元，在明代天启二年也就是1622年始创的一个中医药老字号品牌。作为藻露堂始祖的宋林元，从小就寄养在中国药圣李时珍的家里，因为聪慧而被李时珍收为关门弟子。传说他七八岁就能号脉诊病，后来娶了李时珍的侄女，还参与过《本草纲目》的审校和刊行工作。

他在40岁时，从湖北坐船出发，一路上看病休息、问病制药，历时1年才来到西安。到了西安后，宋林元就待在南院门的五味什字，给人看病治疗。五味什字，是当时西安的文化、经济、商贸中心。

他当时在西安主治两种病：一种是不孕症，被当时的人们叫作"莫孕气"，当地的很多医者都不愿意治这个病，那时的人比较保守、比较迷信，认为不孕症看不好；还有一种病叫"稀粪痨"，是一种腹泻，也就是现在的直肠癌。他主治这两种病的疗效还不错，很快就名声大噪，百姓都说"宋林元承天命，挑着子孙筐筐进陕西"。有了一些积蓄后，宋林元就在五味什字砌了3间土房子，取名"德润堂"，寓意是德心润民。从此，他就开启了藻露堂几百年的大业。

第2代传人宋应全将德润堂改成了现在的藻露堂。这是从"碧藻非不茂，高帆终日征"和"紫燕时翻翼，黄鹂不露身"两句诗中选了"藻"和"露"两个字，寓意藻露堂的药材都是经过大自然晨露沐浴过的真材实料。宋应全还把治疗不孕症的核心，用配方给完全固定下来了，就是培坤丸。这个祖传秘方流传至今，是藻露堂的核心竞争力。

宋应全在五味什字建了一座高房和一间商铺，藻露堂的店铺是九进式的古建筑，从五味什字一直向北延伸到盐店街。商铺一直使用到 20 世纪 90 年代，因为朱雀大街改造被拆。在我还很小的时候，经常看到西安建筑设计研究院的老师带学生来我们藻露堂，看中国古建筑的特色。他们把藻露堂作为历史的积淀，或者说中国古建筑的一个标志点来学习。藻露堂老宅在当时具有文物价值。

我还记着，在 20 世纪 80 年代，日本的国家电视台来中国，要拍一部反映丝绸之路的电视片，在西安选了很多地方，最后是在我们藻露堂开镜的。日本人认为，藻露堂是丝绸之路上中医药文化的一个样板，也是中国文化的一个载体。这事情被记载在《西安中药志》上，西安档案馆也有这个记载。

慈禧太后病愈后题写 3 个大字

后来，藻露堂代代相传，它的历史也是有起有伏。曾经因为一场大火，藻露堂被付之一炬。在传至第 4 代之前，藻露堂一直是代代单传，到了第 4 代生了两个儿子，其中一个儿子推出专门给人看病制药的济身堂。因为济身堂经营有方，后来就出资重新修建了藻露堂。

等延续到第 6 代宋羽彬的时候，藻露堂在西安已经是家喻户晓、妇孺皆知了。当时，从西北边境来的客商，到西安做生意回家必带的 3 件物品，就是老童家的腊羊肉、德懋恭的水晶饼及藻露堂的培坤丸。因为那些商家回一趟家不容易，要好几年才能回家一次。藻露堂的培坤丸，已经成了全国客商返乡必带的一个礼物，红火到了什么程度呢？《西安中药志》记下了当时人们流传的"想生贵子，找藻露堂"，这句话甚至作为陕西秦腔中的一段样板戏传唱至今。

其实，真正把藻露堂名气推向高潮的，是宋羽彬治好了慈禧太后的病这件事。那是在 1900 年，八国联军入侵北京，慈禧一路西逃来到西安。也许是车马劳顿的缘故吧，慈禧太后患上了偏头疼，因为来得匆忙，御医也没带几个，就张榜找医生治病。

结果，榜贴了一天都没人敢去揭。官家就问："这西安城谁看病看得好呀？"大家就说藻露堂的宋羽彬医术高超。当晚，官家就到藻露堂传令，让给慈禧太后治病去。

当时把宋羽彬吓得不得了，怎么敢给老佛爷治病呀！关键不是怕治，是怕治不好，治不好就要给藻露堂带来灭顶之灾。和藻露堂里外商量后决定，去是肯定要去的，但不以藻露堂的身份去，而以德润堂的身份去。官家就说："我们只是来请你看病的，你叫什么堂都可以。"于是就按德润堂上报慈禧太后。经过针药治疗，宋羽彬把慈禧太后的病给治好了。

大病初愈的慈禧太后很高兴，题写了"德润堂"3个大字，叫人制成牌匾。宋羽彬抱着牌子，问官家："能不能让老佛爷再题写'藻露堂'3个字？"那官家说："你这就是欺君，要换，你就必死无疑。"于是，他只能把"德润堂"的牌子拿回来了。

从此以后，藻露堂在西安的名气就更大了。这段历史在电视剧《大宅门》里花了很大篇幅体现。"德润堂"的牌匾一直在藻露堂的顶楼上放着。这个事连我父亲都不知道，在20世纪90年代藻露堂拆迁时，人们把大堂上的顶棚拉下后，看到上面挂着一圈的牌匾，其中最有价值的就是这个"德润堂"的匾。

培坤丸远销东亚、西亚各国

随着20世纪30年代陇海铁路开通，藻露堂的培坤丸向东远销到日本、朝鲜等国家，向西经过新疆远销到西亚各国。宋羽彬的儿子宋赞臣，还当了西安药材业同业商会的会长。

1955年，藻露堂是西安第一个完成公私合营的企业，我父亲作为陕西工商业改造的积极分子，还前往北京，受到党和国家领导人的接见。

　　1977 年，我高中毕业时，国家正实行上山下乡的政策。我父亲说："你到农村去，应该有一技之长。"因此，我就提前 1 年半，跟我父亲的师弟学习针灸。

　　也许是冥冥之中有这个医学世家的传承，我学习针灸进步很快。

　　1976 年 9 月，毛泽东主席去世。我记得非常清楚，西安开追悼大会那天大雨瓢泼，整个西安城的东、西、南、北 4 条大街一派庄严肃穆。市民们对毛主席的感情很深，当场哭晕倒的人无数。作为一个针灸医生，我和我师姐在大雨中背着个箱子，就在那里救人、扎针。那一次，给我印象非常深刻，让我完成了从医学理论到临床实践的转变。从那以后，仅仅 15 岁的我，也在南大街一带有些小名气。

　　下乡后不久，国家就恢复高考了。我父亲告诉我："咱这个家里，你要高考，也只能学医。"我就复习了 1 年，考到陕西中医学院。20 世纪 80 年代初，国家实施改革开放政策后，下海经商的人很多。我从陕西中医学院毕业，

作为一个年轻的医生，终日坐在医院里，也没啥事可干，就和一个同学做起了药材生意。

20 世纪 90 年代初，我觉得自己作为藻露堂的传人，有责任来振兴这个品牌，于是，就成立了西安藻露堂国药研究所。

藻露堂比北京同仁堂还早了 47 年

1993 年，国家第一次认证中华老字号，西安藻露堂和北京同仁堂、天津达仁堂、广州敬修堂、杭州胡庆余堂、重庆桐君阁六家古药店，全部被授予"中华老字号"的光荣称号。这六大古药店中，只有藻露堂是唯——家明末开办的，其他的都是清代开办的，我们比北京同仁堂还早了 47 年。

当年，"中国六大古药店"公布后，我就从北京把藻露堂那牌子扛回西

20 世纪 90 年代的藻露堂

安来了。但那时，我还没有注册藻露堂这个商标，等我们意识到要注册时，这个商标已经被市上一家企业给注册了。

这事，是我们一个巨大的痛点。

后来，我们查找了档案馆的资料，在民国时藻露堂这个品牌就已经被我们注册了，当时注册的是藻露堂崧腾牌商标。这个商标，至今还保存在西安市工商局档案室。

我想，藻露堂的核心竞争力实际上有三大块：一个是传人。真正的中医讲传承，你看病的技能，得有明确的师承关系。二是核心产品。我们藻露堂围绕不孕不育等病，花费数年精力，自费整合了很多疗效特别好的秘方产品，这些年我们把大部分的资金都花在了这上面。我们申报成功的国药准字号药品培坤丸，就是藻露堂自己研发的。还有 5 种通过了国家审批的院内制剂也广受好评，这些都只能在我们医院才能销售。第三个就是品牌。我想把这三大块往一块儿整合，只有整合了，才算把藻露堂继承了。

老品牌只有社会化才能传承下去

藻露堂问世 400 年了，不敢说下一个 400 年会怎样的话，就目前而言，我对藻露堂的未来还是有一些想法的。我们要积极响应国家"一带一路"倡议，参与"医联体"建设，我们团队有一些具体的思考，也做了一些方案。一是把藻露堂医院进一步扩大，把中心制剂室建起来，给患者以个性化的具体服务，用传了 400 年的技术来给中国人服务；二是想弘扬中医药文化，做一个"中医城"平台。这个中医城是什么概念呢？不仅要把藻露堂的中医文化融进去，还想把陕西乃至全国著名的中医医家整合到一块儿，在中医城这样的平台上，发挥各家的特长，为百姓服务，从而打造一个模板。

西安是丝绸之路的起点，中医药文化是西安文化的重要组成部分，我们也想在"一带一路"上布局。我们几年来一直在研讨，从中医药专业的角度，给"一带一路"助力。沿着"一带一路"走，不光有经济的布局，还得有文化，得有软实力。传统中医对健康方面的管理就很值得在"一带一路"上推广。比如，你哪个部位疼，我们通过做一些针灸呀按摩呀刮痧呀，很快让你消除疼痛了，这就是对中国文化的一种传承和推广。

再就是，当前中国慢性病患者数量庞大，心脑血管疾病和高血压患者日益增多。结合中医适宜治未病的特色，我们想大力开展以居家养老和中心管理组合的新模式，医养结合、居家养老。想通过六到七年的努力，为西安再造一个文化品牌的上市公司。

我们对妇科不孕不育以及肿瘤的治疗、经络疗法，已经形成了标准化，形成了标准化就能复制，就能推广。现在，我们正积极地与深圳、三亚、北京的合作伙伴在洽谈，在推进，在做中医馆的分院。我还准备多收徒，把中医药真正传承下去。我认为，一个东西，只有实行社会化，才能传下去；你放到家里，就传不下去。只有多宣传和推广，藻露堂这个作为西商传世 400 多年的品牌才能不被埋没，才能实现真正的传承。

贾群

一辈子的商道
"真诚昌丰"

访谈时间：2018 年 3 月 11 日

访谈地点：西安市文景北路

口述人简介：

贾群，男，回族，1965 年 8 月出生，陕西西安人。13 岁入行，跟着父亲练就了腊牛羊肉生产经营的"十八般武艺"。现为西安永信清真肉类食品公司总经理，陕西省清真食品商会常务副会长，中华老字号贾永信腊牛肉、牛骨髓五仁油茶制作技艺第 4 代传承人。

商号从"贾六楼"改成"贾永信"

腊牛羊肉是西安的清真风味美食之一，很受西安市民的欢迎。逢年过节，每家每户"宁穷一年，不穷一节"，餐桌上都要有腊牛羊肉。

我们贾家是西安回坊的老户，从 1625 年起就开始做生意，有几百年经商的传统。贾家的这个"贾"字，和过去"商贾"这个词中的"贾"字的字形一样。最初，我们家族的商号叫"贾六楼"。

我父亲曾告诉我，我们家老房子是个四合院，有大门和二门，一般人家大门门楣上都爱写"勤俭持家"什么的，而我们家门楣上写的是"以商传家"。

我父亲贾永信从小就在家族里学做生意，长期的耳濡目染，使他认识到字号和诚信的重要。本着这样的信念，他在西大街先后开办了贾永信牛羊肉店、竹笆市信真商行、信诚酱园、西大街信昌粮行、麻家什字信丰粮行。把这些商号连起来，就是"贾永信真诚昌丰"，这也是他老人家一辈子的商道所在。

但在外人眼里，贾永信腊牛羊肉是我父亲最有影响力的招牌。说到贾永信腊牛羊肉这个品牌，不能不说到 1926 年。

我们家族的商号，从"贾六楼"改成"贾永信"，中间有一个故事。1926 年，杨虎城、李虎臣"二虎守长安"，当时城市被围了四五个月，我们家族的生意就在城里面，外边人送货都进不来。

虽然不知道围城要围多久，但害怕失信于人，我父亲就给我祖父说："你给我起的名字叫'贾永信'，一是信仰，二是诚信。咱们这儿闹战乱，货进不来了，万一哪天供货的进城要账，咱可不能失信于人。"

于是，我父亲就写了两套账，当时想他和我爷一人拿一套，万一谁出了意外，开城后要账的人来时，家里也能及时把钱给人家。围城解除后，来要账的人没想到我家不但两本账都在，还把该给每家付的账一分不少地全包好了，都特别感动……

这事当时传得很广，德高望重的于右任知道后，专程来店对我父亲说："你这么个碎娃，就知道这么讲诚信，我看，你这个店就改成你的名字，叫'贾永信'吧。"这样，"桥梓口贾永信腊牛羊肉"就叫开了。

靠这个字号就能吃几辈子

1978年，我还上学时，我们家族恢复了在桥梓口的生意。我就一边上学，一边给我父亲当学徒，心里老是怕学校同学看见，觉得丢人得很。本来我想去当兵，但父亲没让去。我父亲说："不行，你是家里的男丁，又刚好到这个年龄了，你必须得站起来。回来吧，跟我做生意。"父亲对我讲述了我们家族几百年的历史经历之后，说："现在要到你接班了。"

就这样，我13岁入行，生在坊上，学在坊上，跟着父亲练就了腊牛羊肉生产经营的"十八般武艺"。我跟着父亲、"牙家"（回民中的经纪人）到集市看牛（牛看牙口）、羊（羊看角），看身板，估重量，看"牙家"与农户

贾永信腊牛肉

"掐价"；到宰场跟阿訇学念经"奉主命屠宰"；操刀剥皮、剔骨、除杂、分割、腌制、配料、熟化、出锅、上盘、叫卖、盘点、记账。我从田间地头，到终端招呼买主，无不认真学习，随着时间的推移，日渐熟练精通。

后来，早先和我爸一起做生意的那一帮子人都陆续回归。他们都六七十岁了，我父亲和他们聊天时，就会把我叫过去旁听，对我启发很大。

我父亲说："长辈们今天谈的这一点，你要记住——过去重字号，现在重品牌！"

于是，我查了一些国内外大品牌的资料，就想把家里的这个品牌也保护起来。我父亲说："你既然有这种想法，那就去办吧。"我就去工商局办理注册商标了。

我为什么这样坚持注册商标呢？

因为，我父亲当时给我说过这么一句话："你把字号做出去了，再把质量、服务做好了，你靠这个字号，就能吃一辈子，或者吃几辈子。"

后来，我就很用心地去设计"贾永信"这个商标了，这个名字有阿拉伯文、中文和英文 3 种文字。中文的"贾永信"像个牌匾那样挂在中间，外面的圆代表着地球，绿色代表和平、环保，象征走向全球。

当时，没有电脑，我画好样子后，骑自行车去很远的农村，让一个会美术的朋友帮忙描好，再拿到照相馆照相，洗出相片后再剪下来，最后贴在上面。我没想到，后来国家把中华老字号标识设计成方形。两个 Logo 放在一起，就是无规矩不成方圆。

把牌子做好钱自然就来了

干了一段时间后，我对父亲说："咱把生意升级一下，让店里有更好的发展。"我父亲没接话，让我先跟老师傅们好好学习童叟无欺、诚信、不短斤少两；做生意要主动搞好服务，像给店里弄几条凳子，方便老年顾客歇息之类的；做生意还要把字号的文化传承好，不能过于注重利润，只要你把牌子做好，健康地发展，钱自然而然就来了。

我们家族就是这么一个个性，一辈传一辈，把钱看得不重，把事业看得重，把传承看得重。说句真心话，我们几代人都能靠这个吃饭的。

我现在做的这个牛羊肉里，有很多几近失传的工艺。比如说，我们煮羊肉是浑煮，连骨头一起煮，不是把肉剁成块去煮。还有，夏天的腊牛肉要温水腌肉，过去没有冷柜、空调，就得爆腌，爆腌出来的肉在夏天卖，吃起来特别香。夏季该卖什么，冬季该卖什么，这都是一种文化。

我们家族老几辈都注重传统，正儿八经地把传统传承做好就行了，这是我们家族的一个理念。

生意越做越好以后，我感觉还应该有更大的发展。可是怎么发展，我却不知道。一次，在看电影时，从正片前的加演片中，我看到日本农村人开着皮卡，把地里种的蔬菜洗干净后，拿真空袋一装送到超市卖。当时，中国还没有超市。

我从中受到了启发：人家把菜抽真空送超市延长销售时间，我们的肉能不能这样做？就给我父亲说："你让我每天拿刀切肉，我年纪小，累得受不了。要不，咱们也做真空保鲜吧。"我父亲同意了，但让我先把字号的做法传承好了，再去搞研究开发。

我清楚地记着，找到陕西省产品质量监督检验研究院的教授后，他说："你好好卖你的肉就行了，这么小的年纪，怎么想要学这个科学？"我说想把产品做成真空保鲜的。

后来，他给我讲了，我才知道，玻璃瓶装的像水果罐头那样的是硬罐子包装，我想做的真空保鲜是软罐子包装。软的必须得灭菌，抽真空。如何既能达到灭菌需要的温度，又能保证这个产品的营养价值，是个难题。要想解决这个难题，还必须到上海去学习技术。

两条腿走路才能走得更远

从上海学完后，我就开始试验。没有真空设备，怎么试验？我想起曾看过一本历史书，说法国军舰上的士兵，在船上待久了缺乏维生素，需要每两三个月就换防一次，以便给士兵增加营养。当地有一种橘子，维生素含量很高，士兵们一吃就好，但这橘子在船上放不长久就坏了，怎么办？有个科学家就研究了一种用蜡密封做成的罐头。

于是，我就开始试验了，把肉拿锅一蒸，快速地拿蜡一封，保质期果然能延长。感觉这事情有门儿了，我就在这个基础上，继续在全国各地找更好的设备。

1990年，南通造出了真空包装机，我亲自去南通买了一台回来。利用真空包装机，我们的传统腊牛羊肉做成了西安市第一家可以真空保鲜的食品，保质期长达1年。

这个事情，给了我很多启发：老字号在保持传统工艺制作这条腿的同时，还得加上配方化、工业化和真空保鲜技术这条新腿。只有用两条腿走路，才能走得出去，走得更远。

这几年，我们还研发了麻辣牛肉、五香烧鸡、葫芦鸡等新产品，用真空保鲜这个工艺技术把整个产业提升了。通过研发这些产品，（我们）得到了消费者的认可和经销商的认可。现在除了实体店外，（我们）还在天猫、京东铺货，销路也不错。

很多南方人吃了以后感觉不错，来西安旅游时专门来买些腊牛羊肉，带回去送给亲戚朋友，让更多的人尝到来自十三朝古都的味道。

我这个人嘛，一有新的想法，有创意的品牌或商标就赶紧注册，研发新产品，早早占领市场，获得了发展的基础，让我们更好地发展。给公司员工开会时，我说："咱们是老字号，大家都是在带着荣誉工作，咱们不发展不行，不发展对不起这个时代。"

虽然，我们现在是个小企业，做的是传统食品，但我们今年制订了中长期的发展规划。今年5月之前，我们还有一些精包装的、休闲的产品要推出，目的就是想把我们的品牌做得更好一些。

北方很多人忽视了商业文化

近年来，有一个感受特别明显，那就是现在政府真的非常关心企业的发展。举个例子来说吧，我们做生意的，总会时不时去政府部门办事，过去有时一趟、两趟、三趟地跑下来，没准就遇上人不在，或者去办事的人特别多的情况，这就很浪费企业的人力、物力资源。

现在，基本上都是大厅式办公，比过去快捷多了，有问题了直接面对面地去咨询，工作人员办事细致耐心、服务周到。这是一个很大的进步，给企业节约了时间和人力，让我们更专心地去搞发展。

我们经济开发区这一块，还有一个专门和企业对接的部门。有专门的人和企业对接，好像是一个人负责联系几个企业，定期给企业提供帮助。企业遇到问题后，政府可以协助企业在最短的时间内把问题解决掉。

因为我们是中华老字号和省级"非遗"企业，所以我去南方参观、学习的机会比较多。我发现，他们有两点值得咱们学习：一是他们的商会组织把人能团结到一起，完全是在商言商，以会养商，以商养会，让大家共同发展；二是他们凡事从商业角度去看，商业观念特别强，有一种超前意识。南方企业注重基础建设、制度建设和体系建设，能兢兢业业地招呼每个顾客，即便下班了，只要有顾客，绝对不撵客。

遇上顾客要买的东西没有时，咱们会说"对不起，没有"，结果顾客就走了。南方商人则多说一句"再看看这个行不行"，会热情地给顾客介绍好几种其他商品，让顾客感觉贴心，就再多看看。南方人做生意，认为只要把货卖出去就算成功了，连1分钱都不放过，把生意做到了分毫。咱们这边商

回民街

家对顾客要多点耐性。

我一直在思考出现这个问题的原因是什么。南方人很重视中国过去的那种商业文化，咱们北方很多人忽视了商业文化。

例如，杭州的西湖景区免费开放，为商户的经营带来商机。现在西湖的人流量是以前的 8 倍，游人们在西湖转完了要吃饭，旁边几条街道就专门卖吃喝，这样就形成了一个新的商业圈。人流量大了，新的经济增长点就出来了。这是南方人用大格局思维在画商业大圈。"你吃肉、我喝汤""你挣大钱、我赚小钱"的共同发展的思路，确实值得我们北方人学习。

打造西商老字号一条街

我们应该加大对老字号的支持和宣传力度，不仅在工商、税务等方面支持、帮助西商的老字号，还应该请专家来研究和指导怎么打造各个民族的老字号。

我建议打造多文化、多种经营的西商老字号一条街。杭州就做了一条老字号街，而且是政府出面规划的。如果政府把老字号街规划好了，企业就掏钱或买或租一二百平方米，就像开店那样把老字号展示出来，不然就把老字号资源浪费了、埋没了，没有真正把西商宣传出去。因此，我建议为咱们陕西省的中华老字号打造一条步行街，让这些企业来销售、展示。如果西商老字号一条街开了，天天呈现的都是西商纯手工的老手艺，人不拥着挤着到那儿才怪呢！来这条街看老字号的人多了，就得吃啊，歇脚啊，周围的商业街也就被带动起来了，整个区域经济发展也会被以点带面地带起来。

咱要让外地游客知道，西安除了钟鼓楼、回民街和兵马俑，更多的是文化，尤其是活着的非物质文化遗产。

南方上上下下都很注重企业文化，我们需要向他们学习。无论是他们的装修风格、他们的老字号一条街，还是他们举办的那些对产品有意义的宣传活动等，都令人发自内心地觉着他们真厉害。比如说，把老字号组织起来，全国各地巡展，甚至还给予一些政策上的支持。

我认为，可以考虑在曲江、高新，把西商老字号一条街打造起来，再附带着建咖啡一条街或文化一条街。吃喝拉撒的地方都有了，餐饮业有了，餐饮一条街就形成了，一个商圈很快就起来了。既解决了就业，又疏散了城市的人口、车辆、环境、交通、卫生压力。现在，人类的任何资源都不能浪费，浪费了，就是不负责任的行为。

大西安发展得好与坏，与我们每一个人都息息相关。说得俗气一点，大西安能多来一个游客，甚至能多买我一包肉，我就能为大西安的经济发展多做一点儿贡献。

单志华
对品牌的坚守始终不变

访谈时间：2018 年 4 月 24 日

访谈地点：西安市碑林区

口述人简介：

　　单志华，男，1956 年出生在西安，祖籍河北衡水。从西安交通大学机电专业毕业后，先在东大街西安文体用品专业中心等单位工作，1995 年调入中华老字号西北眼镜行，数十年来一直在钟楼商圈从事服务工作。系中国眼镜协会副理事长、陕西省眼镜协会会长、西安市眼镜协会会长，现为西北眼镜行公司董事长。

那时配副眼镜最长需 120 天

我叫单志华，1956 年出生在西安。虽然我祖籍是河北衡水，但我已经是个地道的老西安商业人了。1985 年我在东大街的文体中心工作，1995 年 1 月调入西北眼镜行工作至今，几十年来一直没有离开过钟楼商圈。

西北眼镜行是全国具有较大影响的专业眼镜店，成立至今已经 82 年了。西北眼镜行曾被国家认定为第一批中华老字号，也是西安地区最早的中华老字号。作为西商老字号代表的西北眼镜行，是一家专业性和服务性很强的企业。经过几代人的摸索创新，82 年来，我们为西安乃至西北地区的经济发展立下了很大的功劳。

我父亲 1950 年参加工作，1999 年退休，他把一辈子都奉献给了西北眼镜行。为了将其技术传承并发扬光大，我来到西北眼镜行，一晃也已经 22 年了。这些年来，我们西北眼镜行的发展是有目共睹的。随着部分老国有职工的退休，大量 70 后、80 后的年轻人加入其中，有的还走上了领导岗位，给企业各个方面带来新的转机。现在的西北眼镜行有老同志的管理，有年轻人的冲劲，可以说，正处在一个不断攀升的新阶段。

西北眼镜行的历史，要从 1936 年说起。那一年，北京福盛祥眼镜庄在西安市北大街一家客栈开设分号，主要开展天然水晶镜、老花镜等批发业务。后来，迁址到北大街 24 号临街门面房，设店营业，取名"西北眼镜行"，专门从事眼镜的零售批发业务。这是我们西北眼镜行的开始。

过去，学徒工进入眼镜行业，为了谋得生存，往往先从杂工干起。无非就是替掌柜料理生活杂务、烧火做饭、洗衣打扫之类。只有掌柜看上的品行端正、眼明手快、聪明伶俐之人，才会慢慢转为学徒，传授手艺。经过相当长时间的言传身教，传授的不仅是技艺，更多的是如何待人接物，如何诚信经营，如何令顾客满意，如何守住自己的"招牌"。这绝非书本上能学到的东西，更多的是通过日积月累、耳濡目染来逐渐传承这个行业的"道"，用今天的词来讲就是职业精神。只是，那时候受技术条件限制，配一副眼镜需要 90 多天，最长的甚至需要 120 天。

创造了眼镜行业的许多个 "第一"

1949 年后，社会稳定，人民安居乐业，西北眼镜行也步入了大发展的春天。首先，将店址迁到当时繁华的中山大街，也就是现在的东大街 508 号；其次，改变了单一销售眼镜的经营方式，大规模地增添设备，学习技术，扩大经营规模，从津、京、沪等地购回验光机、磨片机等成套设备，在西安开展验光配镜业务，生意日渐兴隆，成为西安市唯一一家能够提供验光、磨制、销售一条龙服务的专业眼镜店。

1955 年 6 月，经西安市人民政府核准，西北眼镜行与西安德华斋眼镜店合并，实行公私合营。而后，政府又抽调各私营眼镜店的技术骨干充实西北眼镜行，先后组织有关人员到北京、上海等地学习验光配镜技术，并大规模更新设备，使西北眼镜行实力大增，商业影响日益扩大，经营业务不但覆盖陕西省内，还辐射到山西、甘肃、宁夏、河南等周边省区。

1978 年党的十一届三中全会后，国家实施了改革开放的好政策，我们西北眼镜行的眼镜经营更加灵活，产品更加丰富。1985 年，西北眼镜行成为国务院在全国首批实行的企业效益与工资总额挂钩的试点单位，同年在国内首

中华老字号
始建於1936年
西北眼镜行
xi'an Northwest Opticians' Services

西北眼镜行商标

次引进日本电脑视力验光车和各类先进生产设备。先进的现代科技与传统的精湛技艺相互融合，成为西北眼镜行的"一绝"。同时，我们还是西北地区首家开设隐形眼镜配戴业务的眼镜店，使这种高科技商品得以迅速推广。

改革开放40年来，由于我们不断推出新的经营项目，增添新的经营品种，探索新的管理方式，西北眼镜行在激烈的市场竞争中遥遥领先，创造了眼镜行业的许多个"第一"，为西安商贸业的发展做出了积极贡献。我们紧紧抓住历史的机遇，以"公、诚、勇、毅"为企业精神，以全新的经营理念，真抓实干，开拓创新，汇聚全员力量，发展连锁经营，造福百姓群众，以雄厚的技术力量、先进的专业设备及热情周到的服务，再次赢得广大消费者的认可和信赖。

2011年，西北眼镜行东大街总店响应政府道路拓宽改造的号召，拆除了原有的营业大厅。改造后的西北眼镜行，在原1层的基础上增至6层，新增营业面积2300平方米，成为西北地区最大的眼镜专业店，成为汇集眼科门诊、西安医学院眼科视光培训基地、西安市人社局眼镜技能培训学校为一体的综合专业公司。

眼镜行业最推崇工匠精神

国务院总理在2016年的政府工作报告中指出："要鼓励企业开展个性化定制、柔性化生产，培育精益求精的工匠精神。""工匠精神"，指工匠对自己的产品精雕细琢、精益求精、追求完美的精神理念，这种理念实质是追求一种"匠心营造"。西北眼镜行的老师傅们就是凭着这股刻苦钻研、爱岗敬业、精益求精、追求完美的工作理念赢得了消费者的信任，打造了如今的金字招牌。在商业化高度发展的今天，最不能变的依然是这种崇尚专业、匠心独运的专业精神！

西北眼镜行在西安乃至西北的影响很大，人们心中都认西北眼镜行这个牌子。眼镜行业的核心竞争力来自验光与配镜的专业性。在商品经济飞速发展的今天，许多老字号企业往往害怕被市场淘汰，在商品的选择和更新上下足了功夫，比价格、拼服务，却或多或少忽略了赖以生存的技术传承。而眼镜行业最值得推崇的正是验光配镜过程中每一个环节对产品精益求精的要求和匠心独运的技术手段。

我们始终认为，商业人对商业品牌的坚守，到任何时候都是始终不变的；诚信为根、专业为脉、质量为枝的企业命脉，到何时都是不能丢的。

现在，全国眼镜行业的从业者有10万多人，为了更好地传承行业内的工匠精神，国家已连续举办了3届全国眼镜行业技术大赛。我们的员工连续3届在全国眼镜行业大赛中获了奖，这很不容易。第1届获奖的验光师，回来后还被省总工会授予"巾帼标兵"称号；第2届，我们有两人进入全国前15名；第3届，有1人进入全国前15名。他们不仅获得了国家奖励，还先后被授予"技术能手""西安市劳模"等称号。

去年国庆节过后，国家颁布了专业技术认定标准，总共涉及160多个行业，其中验光配镜就在里面。这是国家对我们行业的认可，我们所从事的不是普通的商业行业，而是事关健康的保健行业，是特殊的健康行业。截至目前，我们拥有国家一级技师18名、技师31名，以及众多的中高级技术工人。

我们还承接了西北五省的验光专业人员的培训、考证工作，还是西安市唯一一家被西安市劳动和社会保障局指定为眼镜行业验光员和定配工技能培训、鉴定机构。我们开设有技能学校，设有技能鉴定站，从2000年至今，培训了7000人以上。可以说，西北地区眼镜行业的大部分专业人员都出自我们这里。

眼镜是小行业却有大市场

有人说，在我国众多的老字号身上，体现了我们国家和民族悠久的文化传统和优良的道德风尚。的确，凡是在激烈的市场竞争中能够长兴不衰，博

钟楼商圈车流

得广大群众厚爱和信赖的老字号企业，都恪守着一个共同的经营之道，这就是"信"。

西北眼镜行在长期的经营实践中，始终以保护大众的视力健康为己任，把商品质量视为立足之本，形成了一整套严格的质量保证体系，在验光上制定了科学严谨的检测程序，在眼镜制作上精益求精，坚决抵制假冒伪劣商品流入企业，因此在多次的质量检测中名列前茅，被西安市政府评为首批"经营商品信得过单位"。

眼镜业是个小行业，却拥有大市场。现在的西北眼镜行，拥有 65 家连锁分店，不仅在西安的解放路、李家村、西影路、友谊西路、龙首村、咸宁路等繁华地段和宝鸡、咸阳、渭南、汉中、安康、榆林、延安、商洛等多个省辖市有分店，还在山西运城、甘肃庆阳等外省城市也开设了分店，每年销售眼镜达 20 万副，年销售额过亿元，雄踞陕西省同行业之首。这些年来，我们先后荣获"西安商贸十大品牌企业"，西安市"诚信纳税人"，陕西省"重合同、守信用单位"，"陕西省著名商标企业"，西安市和陕西省"名牌产品"企业，陕西省委、省政府"创佳评差活动最佳单位"，"全国百城万店无假货示范店"和"全国商业信用企业"等多项荣誉。

作为一家西商老字号企业，我们积极参与各项公益活动，开展扶贫帮困、献爱心活动。近年来，先后为陕西省"红凤工程"特困大学生和下岗职工义务配镜 1000 副，与延安市和榆林市联合开展为贫困生免费捐赠活动，义务配镜 16000 副；联合陕西省民政厅、西安市民政局，组织专家团队走进西安市区多家养老院，义务为老年人免费普查视力并赠送眼镜 1000 副；配合政府精准扶贫工作，深入灞桥区丁张胡村、淳化县沟圈村、蓝田县九间房镇田家村等乡村，走访贫困群众，安排专业团队为群众义务普查视力，普及护眼常识，向贫困群众捐赠眼镜；开展"慈善一日捐""捐资助学""送温暖义务捐献"等活动；组建社区服务小分队，在全市开展了以"送温暖、送健康、送知识"为主题的视力普查和眼镜维修活动，开展免费咨询、免费视力普查及义务维修眼镜等服务。

近年来，随着社会整体人群的老龄化，社区的老年人由于行动不便，无法享受必要的社会服务。为发扬老字号的优良传统，由党员干部、验光技术人员组成的西北眼镜行社区服务小分队，多年来不断走进社区，义务为社区群众服务，为他们带来了便利。

西安明胜路社区的一位老师傅，由于病痛留下残疾，长年不能外出，眼疾问题一直影响他的正常生活。我们的社区服务小分队冒雨到他居住的社区，为老人做了眼部全方位检查。眼镜行的周经理亲自给老人验光检查、开具处方，其间老人伸胳膊时不小心将周经理的眼镜碰掉，一个镜片当场破裂，老人家要赔偿，周经理坚决不让赔。

这事让老人和周围的群众感慨万分，大家你一言我一语，开始叙述各自与西北眼镜行之间发生的小故事。大家说，西安城里很多戴眼镜的年龄大的顾客，他们的第一副眼镜就是在西北眼镜行配的。很多家庭三四代人都到西北眼镜行验光配镜。

希望在"一带一路"沿线国家开分店

作为一名老商业人，我曾自豪过，也曾迷茫过、痛苦过，但我们对商业的坚守却是始终不变的。在互联网冲击各行各业的今天，我们也有很大的压力，也经常在思考下一步怎么办的问题。但市场不相信眼泪，市场经济永远都是优胜劣汰、适者生存。我们只有做得更好，才能生存下来。

为此，我们在经营上进行了很多线上线下的融合、创新，特别是通过去年一年的试水，初显成效。随着今后经济的发展，眼镜产业必须进一步做好，因为近视的人配眼镜不单单要提高视力，更要满足美化其面部的需要。我想，今后在保证专业性的前提下，让更多的居民能够在家门口配上清晰、舒适的眼镜，解决视力问题，还要把眼镜当成饰品推向市场，从而提升人们脸部的美感。

在历史上，西商精神对关中的发展起了很大的作用。西安有这么好的旅游资源和人文资源，却长期没有得到充分利用。怎样把西安这么多的人文资源与城市的发展结合起来，这是问题的关键。我小时候经常在碑林里玩，看到很多文物工作者在石碑丛中搞研究，就特别感动。我感觉，虽然他们很多人一辈子默默无闻，但他们应该受到尊重。只有人才被尊重，才能更大程度地发挥文化资源的优势。

加大文化宣传力度，才能更好地传承文化，扩大西安的城市影响力。突出宣传文化名人品牌，加强对外文化宣传，挖掘自身的文化资源优势。

我们西北眼镜行是西安商业的一分子，见证了西安几十年来巨大的城市变迁。尤其是西安这一两年发生的变化，让人振奋。西安进入了一个快速发展的新时代，我们每个人都是市委、市政府"三大革命"的参与者和受益者。现在的西安，城市文明程度越来越高、环境越来越好，车让人也成为地方法规了。城市越文明，大家越热爱城市。

我曾去过德国的慕尼黑。在那里参观学习后，最大的感受是企业解决了就业。德国人认为，企业帮助政府承担了本该由政府支付的社会救济等费用。所以，政府根据企业用工人数的多寡，出台了不同的税收政策。比如，用工10人减免1个点的税收，用工30个人以上的减免5个点，用工180人以上的企业免税。

现在我们西北眼镜行总店和西安各分店，用工193人，全国各地63家门面总用工560多人。作为一个从国企改制过来的西商老字号企业，我们的原始积累极少，为进一步加快企业发展步伐，恳请政府部门在力所能及的前提下，能给我们政策和资金上大力的扶持。

在国家发展"一带一路"倡议下，我们很希望走出国门，在"一带一路"沿线国家开设分店，满足沿线国家人民视力健康的需要，在更广阔的国际舞台上发展与传承我们西商老字号的招牌。

魏峰

秘密就藏在那一锅汤里

访 谈 时 间：2018 年 4 月 25 日

访 谈 地 点：西安市碑林区

口述人简介：

　　魏峰，男，汉族，1978 年 3 月出生，陕西西安人。1996 年参加工作，长期从事餐饮服务工作，曾在服务员、部长、经理等多个岗位工作。2015 年调入西安饮食股份有限公司春发生饭店，现为春发生饭店常务副总经理。

葫芦头与孙思邈有段佳话

我叫魏峰，是土生土长的西安人。我长期从事餐饮服务工作，从最基层的服务员做起，先后干过部长、经理等多个岗位，非常熟悉饭店的内部管理和对外运营情况。我是2015年调到春发生饭店的，在来这之前，曾在西安饭庄工作。春发生是一家中华老字号，企业主营的有葫芦头泡馍、五行养生宴、陕菜等地方特色食品。

在陕西关中地区，葫芦头泡馍历史源远流长，久负盛名。葫芦头的原名叫"猪杂糕"，也有人叫它"煮白肠"，后来更名为"葫芦头"，这里面有一段与"药王"孙思邈有关的佳话。

相传，唐高宗年间，有个店主在长安闹市街巷开了家猪杂糕饭馆，但一直是顾客寥寥、生意萧条。一天，药王孙思邈到秦岭采药，途经该店就餐。孙思邈吃完感慨道："猪大肠是好东西，可惜就是本味没有除干净，有些美中不足啊！"听了这句话，店主连忙作揖请教。孙思邈被店主的诚心感动，就解下随身携带的药葫芦，从中取出汉阴椒、上元桂等名贵中药材，然后进入店内后房，向店主传授了这些中药材的使用方法。按照孙思邈传授的技法，店主很快重新做了一锅汤。果然鲜而不腥，肥而不腻，汤白肉嫩，色味俱佳。从此，这家猪杂糕店在京城长安名声大振。为了表示对药王孙思邈的感激之情，店家便将药王所赐葫芦悬挂于店前。久而久之，人们便慢慢地将猪杂糕叫成了"葫芦头"。

李白创造了新菜品涮肥肠

据说，唐天宝年间的某一天，诗人李白饥肠辘辘，闻香走进一家门口挂有葫芦的店铺，问卖什么酒。小二说不卖酒。李白很生气，高嗓子问："你们不卖酒，干吗挂酒葫芦？"店老板见状，连忙出来解释说这是个药葫芦，并讲述了葫芦头泡馍的来历。李白听罢，被故事所吸引，便要求品尝葫芦头。

　　一碗葫芦头端上来，李白拿起筷子吃了一块肠段，感觉味道不错，就索性将碗中肠段全部捞出放在盘子中，拿出酒葫芦了起来，几下就吃完了。李白吃不过瘾，便让店家切一盘子肠段，店老板说："没有这样卖过呀！"李白从怀中摸出两块银子，让店家就这样做。

　　于是，店老板亲自将一盘子肠段切好，放在汤中汆热，并按李白的要求，加入一定的调料和配菜后端了上来。李白吃一口鲜嫩糯软的肠段，再呷一口美酒，酒足饭饱之后满意而归。李白走后，聪明的店老板根据这个吃法，推出了新菜品——汆肥肠。

　　唐朝之后，长安城里的百姓爱吃葫芦头的习俗延续至今，以至于现今葫芦头泡馍成为西安特色的风味美食，甚至还有人称葫芦头泡馍是汉民族的泡馍。

春发生的葫芦头

春发生店名取自杜甫诗句

主营葫芦头的春发生饭店，是何乐义先生创建的。当时，南院门一带店铺林立，商贾云集，人流如织，是西安的商业中心。1920年创业初始，何乐义先生并没有店铺，他挑着担子在五味什字和南院门一带沿街叫卖。因为选料精细、调味考究，来品尝何记葫芦头的人越来越多，生意一点一点地做大起来，有了一笔可观的积蓄。后来，他拥有了固定的小铺面，挂出了"何记葫芦头"的招牌。

时任陕西督军的陈树藩，听人说何记葫芦头好吃，特意前来品尝，食后唇齿留香，拍案叫绝，扔下两块大洋，连声叫道："这饭，值得，值得！"很快，这事就在城里居民的口中传开了，以至于当时人们见面就问："去何记吃葫芦头了没？连陈树藩都说好呢！"

经过几年起早贪黑的苦心经营，何乐义决定进一步扩大规模。这一年的春天，他的店铺由原来的2间小铺，扩大到了5间铺面。

就在他扩建店铺后营业的当天，有个前来祝贺的文人提议："何老板，你的店铺扩建在春天，发展在春天，使我想起了唐代大诗人杜甫《春夜喜雨》中的名句'好雨知时节，当春乃发生'。这样吧，我给你的店铺送个雅号叫'春发生'，你看如何？"周围的人听了，都说这个名字起得好。何老板喜出望外，忙叫人取来笔墨。这位文人现场题写"春发生"3个大字。从此，何记葫芦头铺正式更名为"春发生"。

好名字果然带来好运气。春发生葫芦头的大名，逐渐驰名古城内外。1931年"九一八事变"后，张学良率领东北军部队长途跋涉退到西安，与杨虎城领导的西北军会合。东北军初到西安，水土不服，患上拉肚子和感冒的将士人数与日俱增。张学良经杨虎城介绍，得知春发生葫芦头有补中益气、养身固本的功效，因此将葫芦头列为病号饭。

将士们吃过葫芦头，一个个身上发热，头上冒汗，身体痊愈一大半。由于饭店生意兴隆，食客众多，将士们往往要排很久队才能吃上一碗地道的葫芦头，因此经军部研究后决定，每天发放 30 个病号饭的牌子，通知饭店优先照顾。

从此，春发生誉满关中，生意更加兴隆了。

最大限度保证老味道不会变

现在的春发生饭店，隶属于西安旅游集团西安饮食股份有限公司，已发展成为一家国际餐饮名店。饭店的葫芦头泡馍、粉汤羊血、辣子蒜羊血、三鲜煮馍、水盆大肉等，先后获得中国烹饪协会"中华名小吃"称号，葫芦头泡馍技艺被列入陕西省非物质文化遗产名录，中国饭店协会还先后授予"国际餐饮名店""中华传统文化小吃金奖""国际游客最喜爱的十佳餐饮品牌"等荣誉。

在我们 80 周年店庆时，著名作家、茅盾文学奖得主陈忠实先生亲笔题写了"两千年世纪交替春去春来春发生，八十载沧桑难改原汁原味葫芦头"的楹联，现在还挂在我们饭店的大门口。

春发生的秘密就在那一锅汤里。我们的汤用猪大骨、土鸡等多种材料熬制而成，从早上 7 点开始熬制，花费 3 个小时以上的时间才能熬好，最大限度地保证了春发生的老味道不会变化。入口的汤汁挂在嘴唇上，半干未干之际，嘴角上都能够拉出丝来。这样的汤，是没有添加和勾兑的原汤，是有利于健康的好汤、浓汤。汤熬制好后，厨师用热汤将碗里的食材泖出来，要泖 8 次，才能端给顾客，这才是正宗的葫芦头。这样的做法，要求我们的汤必须原汁原味，才能保证泖过的大肠软润爽滑、越嚼越香。

很多老顾客都爱来店里边看挂在墙上的老照片，先悠哉游哉地聊着记忆里的味道，再吃一碗春发生葫芦头过过瘾。2018 年 4 月，我们店还被携程美食林评为"最佳文化传承餐厅"。

这几年，互联网对传统餐饮业的冲击很大。我们也意识到，来店里的这

第 4 代非物质文化传承人、春发生主厨杜彦斌

杜彦斌师傅制作葫芦头

些顾客，好像年轻人少了。在互联网的冲击下，怎样才能把更年轻的 95 后、00 后人群吸引进来呢？怎样才能使他们成为品尝葫芦头泡馍的种子呢？除了传统的精瘦葫芦头泡馍、精肥葫芦头泡馍、精肠葫芦头泡馍之外，我们还开发了更适合年轻消费群体的油泼葫芦头泡馍、陕西葫芦头泡馍、传奇葫芦头泡馍、老味道葫芦头泡馍等品种。

我们现在的主厨杜彦斌师傅是第 4 代非物质文化传承人，他从 20 岁进店，一直干到现在，都 35 年了。多年来，杜师傅培养了一大批徒弟。目前，我们已经确定了第 5 代非遗传承人的人选，正在积极申报。

为了老字号的品牌和荣誉，我们虽然只有这一家店，却始终坚持以质量为主，始终坚持做良心饭。2016 年 5 月，由我们制定的《西安传统小吃制作技术规程——葫芦头泡馍的标准》成功发布。下一步，我们将积极对外拓展业务，计划今年在东大街开一家新店。我们这个新店，将以吸引 95 后、00 后顾客为主，让他们也能感受到葫芦头泡馍的文化魅力。我们已经研发成功的新款葫芦头，届时将在新店闪亮推出，相信会给朋友们一个惊喜。让我们用约 100 年的老味道征服年轻朋友们的味蕾！

郭金平
长安的味道，让世界知道

访 谈 时 间：2018 年 4 月 12 日

访 谈 地 点：西安市曲江新区

口述人简介：

    郭金平，男，汉族，1972 年 10 月出生，陕西潼关人。曾长期在潼关县从事矿产工作，2016 年收购长安酒业。现为陕西长安酒业有限公司董事长。

首开陕西浓香型白酒生产之先河

我叫郭金平，来长安酒业之前，一直在潼关县从事矿业工作。自从 2015 年底接手长安酒业后，我发下誓言："后半生，只做酒。"

人们常说，"杯小乾坤大，壶中日月长"。其实，在人类文化的历史长河中，酒既是客观物质的存在，更是精神文化的象征。很多时候，没有酒就不能表达深情厚谊，没有酒就不能抒发寂寥忧伤，没有酒就不能畅快倾诉衷肠，没有酒就不能挥洒激越豪放。所以，拿好酒待客，以美酒会友，借名酒结缘，是古往今来中国人日常生活中的一大快事。

长安自古帝王都。十三朝建都的厚重与积淀，孕育了我们脚下这块宝地的王者之气，也留下了穿越时空的历史感和浓情飘逸的酒香，厚重的历史和源远流长的酒文化相得益彰。在中华民族久远的历史发展中，关于长安，关于酒的故事实在太多了。

宋代《酒谱》里记载："酒之作也，其与天地并矣。"历史上，凡有佳水处，必有佳酒。长安是个风水宝地，凤栖泉已流淌 1700 多年了。依托清澈的凤栖泉和深厚的历史文化积淀，长安人自古就有酿酒的传统，唐诗中留下了不少诗酒长安的名篇佳句。古长安人，今西安人，享用的不仅仅是一杯酒，酒香余韵中，更是千年长安的味道。千年古都的风华绝代，万里丝路的甘甜醇香，千年时光的味道和记忆，都藏在这小小的一杯酒里。

陕西长安酒业有限公司的前身是长安酒厂，创建于 1971 年，坐落在距离西安城南 8 公里的鸿固原凤栖泉遗址，也是陕西省最早生产浓香型白酒的企业。

建厂以来，长安酒厂人继承和发扬古长安传统酿酒技艺，并结合现代先进的酿造技术，依托深厚的历史文化积淀和凤栖泉遗址，始终以弘扬古城白酒文化为己任，以打造长安酒知名品牌为目标，在强手如林的市场竞争中不断成长壮大，从传统作坊式生产、粗放式管理发展成集烧酒生产、工艺设计、产品研发销售为一体的专业化白酒生产企业，年产优质白酒 4500 吨。酒厂采用富含人体能吸收的有益微量元素的优质深井软水，首开陕西浓香型白酒生产之先河，精心酿造浓香型"长安老窖""精品长安老窖""珍品长安老窖""柔绵型中华红长安老窖"等 40 多个酒产品，以"长安老窖"为主打的系列产品先后荣获国家及省、市 40 多项奖项、荣誉。

2004 年，长安酒业顺应发展，由国有制企业改制为股份制企业。此后的 8 年中，长安酒业销售收入保持年平均 30% 的增长，从一个年销售不到 200 万元的企业发展为年销售过亿元的地方明星企业。

看中了西安高速发展的大好机遇

客观地说，长安酒厂几十年来的对外口碑非常非常好。因为它一年只产三四百吨酒，酒质非常好，也比较稳定。可惜的是，前些年因为经营管理不善等原因，企业发展遇到了问题，忘记了自己是做什么的，也很不注意打造品牌形象，对外贴标的品牌就多达一二百个。

在全球一体化的商业大背景下，我看中了西安高速发展的大好机遇，毅然决心从矿业跨界到酒业，于 2015 年斥资收购长安酒厂，并坚持以市场为导向，以消费者为中心，决心让长安美酒搭乘"一带一路"的快车，穿越历史，重走丝路，蜚声中外，享誉世界。

在我加入长安酒业后，针对设备设施陈旧，不能满足现代食品加工企业生产需求的现状，对厂区进行了大刀阔斧的改造，先后投资近亿元，拆除原厂区内陈旧的库房、车间，在原址上建成集灌装、化验、仓储和办公为一体的、总面积 5140 平方米的新型综合车间。对酿酒车间的老设备进行了更新换代，重新规划布局，使之更加符合生产工艺要求。同时，购进 20 余套车间设施、数辆配送车。最终，于 2016 年底完成现代白酒酿造企业硬件设施改造工作。

小雁塔

2017 年，我们的办公区强势入驻具有地标代表的西安曲江新区万众国际，购入近 9000 平方米的现代化办公场所，并对品牌 VI（视觉识别系统）进行了全面升级，确定了"长安的味道，让世界知道"的宣传语。坚持酿造纯粮好酒，将产品做到极致，顺应"一带一路"经济发展方向，打造国际化品牌战略方向。

2018 年春节前，我们还应吉尔吉斯斯坦企业家的邀请，前往该国考察。接待我们的这个企业家是吉尔吉斯斯坦的议员。他的企业的营销网络不仅遍布吉尔吉斯斯坦，还在中亚其他国家、西亚和南亚有很丰富的人脉资源。我们去考察时，他很希望长安酒业能够与他合作，希望能够通过这个渠道使他们的酒进入中国市场，同时也把我们的长安酒推介给丝绸之路沿线的国家和人民。我们已经和他签订了一些技术协议，正在推出长安酒的国际版，让全世界都能尝到长安的味道。

长安酒的味道就是关中的味道

在我接手酒厂后，干的第一件事情就是把所有贴标的品牌全部砍掉了。我对企业进行了重新梳理，重新打造。我和员工讨论，大家形成这样的共识——做美酒，品质为佳。让每个人都能品尝到地道的纯粮酿造的长安酒，是我们一直不变的初心。

在对酒厂的改革过程中，发生了几件让人感动的事情。我发现咱们酒厂的这些人，都非常淳朴，这是企业留下来的非常宝贵的资源。这些人对这个企业都有非常深厚的感情，他们的敬业以及对工作的态度，都让人非常感动。总工张军武曾经是长安酒厂的老员工，之前他因为企业不注意品牌形象而离开。在这期间，有好几拨人都去请他回来，但他始终没有回来。我接手以后，去了他家两趟，很诚恳地谈了我的想法。我说："我就想把长安的味道保存下来，最好能让更多的人品尝到。张工是老同志，咱们都是冲着对酿酒这份事业的感情和热爱。你就回来吧！"他说："好吧，郭总，我先给你干一段时间再说。"

张军武回来以后，完完全全按照"传统老五甑酿酒工艺"的整个操作流程，严格控制整个产品的质量。同时，张军武秉承"千年窖、万年糟"的精髓，不断优化窖泥培养，利用新工艺，将酒糟发酵期从 40 天延长到 60 天，酿酒原料由以前高粱为主的单粮和三粮酿造，统一革新为五粮酿造。我们从 2017 年推出产品到现在，整个市场的口碑非常好。去年一年多时间，我们的收获也很多。这也让我更坚信，只要是好东西，大家就一定会认可。

我们的酒曲是自己做的，酿酒的高粱用的是东北高粱基地的高粱。希望不久之后能用到关中的高粱。因为，长安酒的味道就是关中的味道，我想在后期主要用咱们关中的高粱。长安是中国酒的故乡，长安酒也是有着世界意义的载体。作为一家以"长安"为商标的酒业，我们知道这两个字就是我们的金字招牌。现在，我们一共有 26 个副品牌。前段时间，我们又收购了一个品牌，叫"国颜"。

经过两年多的调整期，如今的长安酒业已成为具备年产万吨白酒、产值过亿的新型专业化白酒企业。我们的目标是用三到五年时间，使长安酒销售上升到省内第 2 位。我们也对产品分布进行了调整，中低端主要做"长安老窖"系列，中端产品做"一品长安"，高端的就做"国颜"产品。我们的使命是酿造纯粮好酒，引领健康饮酒。

现在，我们正在准备建造一座 5A 级的中国酒庄，想通过环境的提升，在西安打造一个体验酒文化的新场所。另外，我们想在长安区建设长安酒业博览园，目前正在选址。

从潼关金矿到长安酒业，经历了转型的艰苦、创业的艰难、变革的沉痛，我就像被命运之手牵着，千头万绪，总也有干不完的事情。我坚信：品质是长安酒业的立足之本、生存之基、发展之魂！

我们期待，能早日将承载历史文化的长安酒推向世界！

第二辑

是浙商更是西商

金钦法

把儿子从华尔街叫回西安来

访谈时间：2018 年 3 月 22 日

访谈地点：西安市莲湖区

口述人简介：

　　金钦法，男，1962 年 11 月生，浙江东阳人，本科学历，中共党员，高级工程师、经济师。2005 年开始在西安创业，以传奇般的创业经历取得了骄人的业绩，历任陕西省第十届政协委员，陕西省第十二届、第十三届人大代表，陕西省浙江商会会长，陕西省工商联副主席。现为中国广厦控股副总裁、陕西时迈投资（集团）有限公司董事长。

光清理垃圾就用了整整两年

我出生在浙江省东阳市一个农民家庭，苦难的生活造就了我不达目的决不放弃的性格。1979 年从学校毕业后，我被分配到浙江汽车运输公司东阳车站，担任调度员，后来升为站长。1990 年调到中国建设银行东阳支行当信贷员，后来又先后担任信贷科长、行长助理、副行长、行长兼党委书记。

2005 年，不知怎么的，我动了想过另一种生活的心思。后来，这种念头越来越强烈，我就辞去行长职务，买断工龄，加入广厦集团，成为广厦集团西北区域公司——陕西时迈投资（集团）有限公司的董事长。

当时，广厦在西北有十几个企业，但都举步维艰，市场业绩徘徊不前，在资金和人员等方面存在比较大的问题，总部安排我来西安，就是要整合西北资源。开弓没有回头箭，我只有全力地往前冲了。我印象深刻的是，广厦在西安东郊的一个项目遇到了瓶颈。

多年前，挖沙者在灞桥区浐河东岸采沙时，挖出了一个高十几米、南北跨度长达 2.6 公里的大坑。这个大坑，跨越了咸宁路到长乐路的浐河段，一度成为西安的生活垃圾区，很多生活垃圾都往那儿倾倒。到了 2005 年，那里成了一座高出地面 20 多米的垃圾山。垃圾腐烂后，垃圾山的水都渗入浐河，恶臭扑鼻，市民经过那里都要捂着鼻子。

当时，西安市领导把治理并开发这里的任务交给广厦，让我们先清理这里的生活垃圾，再把清理后腾出的地交给我们开发。

首先，清理垃圾山，可是没想到，光清理垃圾这一项，就用了整整两年的时间。

接着，我们把浐河河堤砌起来，堵住了上游个别企业沿河排放的工业污水，以及市民随意排放的生活污水。我们在项目段的浐河上游筑了一座 4 米高的橡皮坝，拦截上游下来的黄泥水，使之在这里沉淀。在项目段的下游，同样筑了一座 4 米高的橡皮坝。泥水被两次拦截、沉淀后，就变得相对清澈了。

搬走垃圾山、完成蓄水改造之后，我们沿浐河修建了滨河公园，还修了专门的滨河路，这条路现在成为市政道路。做完这些前提性的工作，就花掉了 3.5 亿。后来，经测算可开发的项目用地是 605 亩，就在原来垃圾山的位置规划建设了水岸东方小区。

"广厦就是造城的"

一直到 2015 年，我们才完成这个项目。一座建筑面积 120 万平方米的新城拔地而起，项目一期、二期、三期全部交付使用，成为浐灞地区的标杆性项目，先后获得"区域生态大盘""优质创新楼盘"等 20 余项大奖，成为西安市最早的百万优质大盘代表之一。我们这种"诚信、务实、创新、领先"的企业精神，赢得了各界"广厦就是造城的"的夸赞。

经过不懈努力，这些年来我们有效整合广厦在陕资源，解决了资金瓶颈，更新企业管理，如今已形成以陕西时迈投资有限公司为龙头，下辖广厦建设集团西安公司、陕西广福置业发展有限公司、陕西路桥公司、湖北六

建、浙江广宏、东阳三建、上海耿耿、北京二建、陕西广跃、陕西广厦物业等 10 余家广厦在陕投资企业，年完成产值 250 多亿元，创就业岗位 3 万多个，实现利税 15 亿元。

我们已经由原来一个单一的建筑企业，发展成为一家以城市基础设施、国家高等级公路、水电、能源的投资、勘测、设计和工程建设，以及房地产开发和物业管理服务为主的大型集团公司，无论是投资规模、年营业额，还是安排就业岗位和实现利税，都位居在陕浙江企业前茅。可以说，为繁荣陕西经济和支持大西安的建设，我们做出了广厦人应有的贡献。

随着企业的发展，我们积极参与和支持社会公益事业。自 2005 年起，与长安区东大镇两个村联系，已累计资助当地考上大学的贫困生 40 余人。2005年，向陕南山区村庄捐赠修路款，修缮村间道路 3000 余米。2006 年，与陕北贫困区域结对子，资助了 20 余户贫困家庭。汶川地震期间，在第一时间派建筑公司人员，赴灾区第一线，建设了超过 10 万平方米的活动板房，并组织捐款 100 多万元，捐款捐物总计折合超过 1000 万元。2013 年，通过工商联向榆林水灾灾区捐款 10 万元；给淳化县城关小学、富平县东上官中心小学各捐赠 20 台电脑。2014 年，向富平县东上官中心小学捐款 100 万元……

灞渭桥

一家三口都成了新西安人

10多年来，我把西安当成了自己的第二故乡，适应了西安不同于南方的气候，也适应了西安人相互交往的那种默契。每年，除了过春节回老家待上几天之外，一年365天，几乎360天都在西安。不仅我自己成了新西安人，连我的老婆，也被我叫到了西安，成了新西安人。

2017年以来，振兴大西安思路的提出后，西安迎来了国家中心城市、国际化大都市等前所未有的机遇叠加期。看到这些喜人的新变化，我多次打越洋电话，把在美国华尔街上班的儿子叫回西安。现在，我们全家三口都成了新西安人，儿子还在西安找了一个女朋友。

当然，我个人这些年也收获了很多西安给予的荣誉，比如当选陕西省第十届政协委员，陕西省第十二届、第十三届人大代表，陕西省工商联副主席，等等。特别是2017年8月20日，首届世界西商大会在西安隆重举行，我荣幸地在西商大会上被评选为"杰出西商"，还受聘西安市政府经济顾问。今年春节前，我还收到了西安市委、市政府领导的贺信，这是市委、市政府给予我的最高荣誉，也让我感受到了大西安建设所带来的温暖。

随着广厦系企业在西安的不断发展，我们今后将更加积极地参与西安国际化大都市的建设工作。目前，我们已经在蓝田县注册了一个新公司，专门负责在汤峪的桃李小镇项目。这个项目占地1000多亩，是一个集生态环保、旅游休闲、美食度假于一身的综合项目，不仅吃的、住的、玩的全都有，而且是一个江南园林式的中国风院落。

此外，鉴于很多中小微企业在创业融资、土地申请上存在着很大的困难，而中小微企业支撑着国民经济的半壁江山，我们在高陵区已经规划了6.8平方公里，总投资600亿元的西安丝路融豪工业集中区，将建设一个国内一流的工业集中区，以此来帮助中小微企业解决这些难题。

让人欣慰的是，高陵区政府对此非常重视，办事效率也很高，组织了包括国土资源局、发改委、规划局等多个职能部门参与的专门团队，为我们进入园区提供优质的服务。目前，项目测量已经完成。这个工业区建成后，预计可以容纳 10 万人就业，入驻企业近千家，年产值上千亿元。

500 多万浙商走出家乡创业

除了在广厦的职务，我还担任陕西省浙江商会会长一职。一直以来，商会坚持"围绕中心、服务大局"的办会方向，引导大家自觉地把个人和企业的命运融入国家民族的发展之中，把参与和助力陕西追赶超越和大西安振兴作为头等重要任务。

2013 年、2015 年、2016 年陕西省浙江商会连续被陕西省工商联、陕西省总商会评选为"先进商会"，特别是在 2013 年被评为全省首家也是唯一一家 5A 级异地商会，2016 年又获得 5A 级商会殊荣。2017 年底，又获全国工商联系统年度"创新中国"商会特别奖。

作为在大西安投资创业的浙商，我是这样认识、理解浙江精神的：浙江是个资源小省，改革开放起步较早，民营经济发展较快，几十年来，500 多万浙商走出家乡，在国内外拼搏创业，仅在陕西就将近 40 万人，形成了一个庞大的浙商群体，也产生了颇有影响的"浙江人经济"和大家常说的浙商精神。

其实，在不同时期，人们对浙商精神的概括总结各有所侧重。比如，最先有的总结为"四千精神"：走遍千山万水，说尽千言万语，想尽千方百计，吃尽千辛万苦。后来，又总结出"新四千精神"：千方百计提升品牌，千方百计保持市场，千方百计自主创新，千方百计改善管理。还有一种解读，把浙商精神概括为 16 个字：自强不息、坚忍不拔、勇于创新、讲求实效。

2017 年 11 月 29 日，在第四届世界浙商大会上，浙江省委书记号召广大民营企业家要大力弘扬新时代浙商精神：坚忍不拔的创业精神、敢为人先的创新精神、兴业报国的担当精神、开放大气的合作精神、诚信守法的法治精神、追求卓越的奋斗精神。

这些不同时期概括性的总结，都生动反映了浙江精神所具有的基本特点，这些特点将随着时代的发展不断完善和深化。

新一代西商群体值得浙商学习

在西安创业 10 多年，我非常注意了解和学习陕西和西安的商业文化和企业家精神，也就是西商文化和西商精神。陕西是中华民族和华夏文明的重要发祥地，也是我国商业文化最早形成的地方。西安是古丝绸之路的起点，是孕育过汉唐雄风的地方，也曾是世界最大的国际化大都市。

特别是从明清至今 500 年间，西商纵横八百里秦川，创造了举世瞩目的商业辉煌，与晋商、徽商并称为中国三大商帮。一代又一代的西商，创造了大量物质财富，也形成了独具特色的西商精神，比如：崇高建业、励志为贾，以诚取信、以义泽利，厚道耿直、富而不奢，勇于开拓、严于管理，等等。所有这些，对当今的所有企业和企业家，仍然具有十分重要的借鉴意义。尤其是改革开放以来脱颖而出的新一代西商群体，许多企业起点高，发展快，创新能力强，很值得浙商借鉴和学习。

经过在西安这 10 多年的创业，我深刻地认识到，优秀的企业文化是引导企业持续稳定健康发展的旗帜和灵魂。广厦陕西时迈集团公司在企业发展中，始终坚持"诚信、务实、创新、领先"的企业精神，实践"争创一流品牌，实现产业报国"的企业使命。

我一直在企业内部这样说，作为一名集西商和浙商身份于一身的企业家，我一定要把坚忍不拔、开拓创新的浙商精神和奋发有为、求真务实的西商精神结合起来，秉持干在实处、走在前列的浙江精神，在陕西追赶超越和振兴大西安的进程中，做出自己应有的新贡献。

包秀杰
建服装小镇，造一级市场

访谈时间：2018 年 3 月 15 日

访谈地点：西安市新城区西北商贸

口述人简介：

　　包秀杰，男，汉族，1982 年出生，浙江乐清人。2001 年高中毕业后在北京创业，2002 年参军入伍，2005 年来到西安创业。在他的带领下，10 年间，西北商贸中心发展成集服装批发零售、品牌孵化与展示、商务会展、仓储物流、休闲娱乐和小商品批发零售于一身的现代购物中心，成为西北地区单体面积最大、档次最高的服装批发集散之地。现为陕西银邦投资发展（集团）有限公司总裁。

温州人身上都有一股创业精神

我叫包秀杰，1982年出生在浙江乐清一个经商家庭。2001年，高中毕业后，我前往北京创业。那时候，我刚从学校出来踏上社会，感觉自己的内心不是很定，没有想好自己将来要做什么事情，自己人生的未来方向也没有完全定下来。

当时，我总觉着自己不成熟，对于今后是在北京做生意，还是选择回老家创业，完全没有明确的方向。这段很不稳定的心路历程，也是所有从学校出来的青年学生踏上社会后，必然会经历的。

父母觉着，我从小就喜欢军人身上那股精气神，现在年纪刚刚好，又没有明确的事情做，就应该参军，去部队这所大学校里好好锻炼一下，表现好的话，还可以考个军校提升一下自己。

于是，我就在2002年成为一名保卫首都北京的武警战士。经过在部队3年的刻苦训练，我不仅强壮了体魄，而且学到了军队的管理精髓，以及军人身上那种雷厉风行、自力更生、艰苦创业的优秀品质。

在部队时期，一场突如其来的"非典"袭卷了中国很多地方，让我放弃了读军校的计划。那时候，我也被隔离了。等解除隔离后，我觉得人能在阳光下自由地呼吸、行走，真的是一件很幸福的事情。

2004年，从部队复员后，我就来到西安，开始了在古城的商业历程。我首先进入陕西嘉和投资开发有限公司市场管理部工作，边工作边学习，用3年时间读完了工商管理的课程。

我们温州人身上的敢闯敢干、勇于创新的创业精神，再加上我在军队练就的雷厉风行、坚决果断的执行力，使得我在西安的商业环境中成长得非常快。

短短3年后，我便担任了陕西银邦经营管理有限公司总经理，负责西北商贸中心的运营管理工作。2010年，陕西银邦置业有限公司成立后，我又担任了董事长。

赚回来的口碑无法用价格估量

银邦是一个全国性的集团企业，在有的城市搞房地产开发，在有的城市从事矿产资源开发，还接手了很多城市的项目进行股权转让。西安的西北商贸中心，是银邦集团旗下做的最后一个商贸项目。

凡是西安人都知道，西北商贸对面的康复路服装批发市场，曾是名震整个西北的服装批发集散之地。我们西北商贸中心的地理位置非常好，就在康复路的对面，彼此之间只隔一条马路。

原来整个康复路市场的商业面积，加起来也不到10万平方米，而现在的西北商贸有19万平方米，所以中心开业后很受欢迎。在中心做生意的商户老板，有很多原来在康复路经营，因为康复路提升改造，他们在西北商贸中心以店铺为阵地，把原先在康复路的批发业务搬了过来，并不是纯零售业务。

在西安的商贸批发市场里面，我们西北商贸中心是最早对商户和经营户提出服务概念的。原来康复路的经营户跟开发商或商场的老板，只是交租金和收租金的关系，没有服务的概念。那个时候，是卖方市场，商场不够，经营户想找商场找不到，作为商场的老板都很厉害：商户你爱来不来，不来别人抢着来的。

虽然我们这里是进行买卖活动的批发市场，没有综合体那么多的休闲娱乐活动，但是我们要求商户，遇到顾客来买衣服或换衣服，态度一定要和蔼，要允许顾客进行调换，甚至是退货。这一点，在西安的批发市场里面，我们是提出最早的。

我们这样做，为的是帮助所有商户，从顾客身上赚取到尽可能多的好口碑。对商户来说，可能调一两次货，会浪费一些时间，甚至会造成货物损耗，但这只是看得见的损失，商户真正赚回来的口碑，是看不见的，也是无法用价格来估量的。

有的经营户已涉足品牌托管

2017年9月16日，是西北商贸中心开业10周年的纪念日。我们找了一些商户业主来座谈。他们都是在康复路做了几十年生意的，共同的感慨是：终于有了自己的商铺！他们原来的商铺是没有产权的，是租别人的，现在终于感觉自己做了一回业主。

我们从一开始就规范经营，因为商场大了，背负的社会责任就更大。为此，我们还专门设立了一个负责品牌服务的部门，专门对商户品牌进行引导，要求大家讲品质、讲品牌。在我们的引导下，效果是比较明显的。现在，已经有个别商户开始以店铺为阵地，注册自己的品牌商标了。

在我负责西北商贸这几年，互联网对整个商业特别是零售业的冲击特别大。我们顺应时代潮流，动员商户们在保持好原来的零售和批发业务的同时，积极转型，参与到电商活动中。

虽然西北商贸不是做纯零售的，很多店铺还做着批发业务，周边的甘肃、青海、新疆等地客户常来这里进货，目前看起来互联网对我们的冲击还不大，但也要防患于未然。打个比方来说，某品牌虽然不在我们这里经营，但可能参加了电商的销售模式，这样，就会对纯零售冲击比较大，对批发市场的冲击力和影响却较小，因为批发市场的价格比较合理，跟网购的价格比较接近。

相比来说，百货公司的零售价格比较高，互联网对百货公司的冲击要远远大于批发市场。西北商贸中心里的实体店销售价格透明度更高，在陕西经营网店的好多人都从这里进货，所以目前来看，互联网的冲击能小一点。但是，3年以后，情况还会这么乐观吗？

所以，我们动员经营户把眼光放长远，从现在开始就布局应对互联网冲击之策。好在国家这几年也下大力气发展实体经济，对企业、个体商户的扶持力度大，减免了小商户的很多税收。

现在，在西北商贸经营的品牌有 3000 多个，有的店同时经营几个品牌，还有的店负责着某一个品牌的运营管理等。总之，这几年，西北商贸见证了中国商贸在互联网冲击下的转型发展：从原来只是进货，到后来发展成总代，再到现在的品牌托管。

品牌托管，就是把某个品牌委托给一个运营机构来管。比如，我们的商户在陕西有市、县的销售渠道和资源，这个品牌就利用该商户进行推广，商户不用进货也不用花钱，就是帮品牌做销售，做运营，就像楼盘的售楼部一样，不用把楼买来再一套一套地卖。这样做的好处是，商户操作起来更灵活，市场的流转也更快捷。

老牌子商圈正在被消解

近年来，西安发展得非常迅猛，在各方面都取得了很大的进步。据我了解，现在很多城市在模仿西安。去年，西安召开世界西商大会，提出做好营商环境。此后，温州也搞了一个千人干部大会，讨论的主题就是搞营商环境。其实，30 年前温州的发展速度快，现在可能是温州 GDP 基础值比较高的缘故，温州的发展速度有些缓慢了。

我发现，在西安商业领域，有一个十分突出的现象，那就是像康复路商圈、钟楼商圈、解放路商圈等这样的老牌子商圈，正在被各种各样的新的小商圈所消解。

西安的高楼越盖越多，在居住区附近的 5 公里以内，市区两三公里内，都会有一个商业综合体，人们可以就近消费，不再像以前那样，买东西非要到哪里去。一些老牌的商场之所以现在还存在，完全是因为一些中老年人的购物情结，他们觉着在这里买东西放心。

城市的购物环境是需要呵护的，适当的、合理的增加是对的。现在，很多城市搞规划都非常重视商贸布局，北京已经开始布局将非首都功能的企业

小寨商圈夜景

外迁了，上海也提出要重视区域商业分配的合理性，决不能再为了在小范围区域完成招商引资任务而盲目地建设商场。

对西安来说，在招商引资特别是商贸招商时，建议一定要区别对待，对在一些繁华地段建大商业综合体的决策要慎重考量。

开启服装品牌的一级市场

作为一名在西安的浙商,我用了 10 多年的时间打拼出了一片天地,为西安的繁荣发展做出了贡献,也成为 80 后年轻一代的创业代表。今后,我还要用更长的时间,全面提升专业化管理水平,提供更细、更精、更贴心、更专业的服务,以更加宽广的视野和卓越的智识,拓展商贸运营新领域,不断做大做强西北商贸中心的影响力,努力打造中国最具特色的商贸综合体,为入驻商户提供"店小二"服务,为大家都拥有亿万身价提供"店小二"服务!

一方面,西北商贸愿意在更高更宽广的平台上,与广大商户朋友实现多赢、共赢、大赢,并不断开拓新的市场,投资新的产业,为陕西和西安经济做出更大贡献,扎扎实实为追赶超越贡献自己的一份力,为西安、陕西乃至西北人民群众的幸福生活投入自己的一份情。

另一方面,就是在西安建设一流的服装小镇。现在,这个项目已经启动,一期项目已经建设好了,有 10 万平方米的标准化服装厂房。很多年前,李家村的浙商们引领了西安的服装市场。现在,这批人如果还像 30 年前那样,一个作坊七八个人,就难以形成规模效应了。有些企业为了走货,一条裤子赚两三块钱就满足了,根本没有考虑做品牌带来的丰厚附加值。西安截至目前都没有知名的服装企业,很多都是以小作坊加工为主,千人以上规模的服装厂屈指可数。

我们要建设的服装小镇,就是按照服装产业园的样式,全面振兴西安的纺织服装行业。依靠现有的这些设计力量,改变经营观念,经营好一个有自己知识产权的品牌。

我们要像海底捞那样,用发自内心的真诚和服务,来把品牌做大做强,开启服装品牌的一级市场,永远不做二级市场,让南方城市的服装商到西安来进货;以自己的力量,团结更多的服装企业,努力提高西安民营企业(产值)在 GDP 中的比重,为满足人们对美好生活的向往,好好地做一件事情。

杨永明

故事不多，宛如平常一段歌

访 谈 时 间：2018 年 3 月 19 日

访 谈 地 点：西安市经济技术开发区

口述人简介：

　　杨永明，男，汉族，1963 年出生，浙江省杭州市富阳区人。1989 年和两个弟弟一起来西安创业，先后在汽车服务行业、酒店行业、环保科技行业、地产行业、科研成果转换这五大领域深耕细作，成就了经商事业。2012 年 6 月至今，担任西安市杭州商会会长，现为西安浙商联合实业公司董事长。

感恩第二故乡包容和成就了我

时间过得真快，一晃我在西安经商、生活已经 30 多年了。我回想当年找出路、讨生活的辛酸经历，还时不时地要流泪。我也时常提醒自己，要珍惜当下的幸福生活，感恩第二故乡包容和成就了今天的我，一如既往地好好做人做事，以更好的成绩报答西安这座城市。

20 世纪 60 年代出生的我，和同龄人一样吃了不少苦。正如有句话说的"不幸的家庭各有各的不幸"一样，家庭原因让我从小就经历了许多同龄人没有经历过的事情——

9 岁时，我跟着师傅学过油漆；14 岁时，跟人在河道捞过沙子，因个头低、力气小，经常掉到河里；15 岁时，在水库干过挑工；16 岁时，跟人学过摄影；17 岁时，干过电风扇喷漆；19 岁那年，我参军到洛阳一个部队，当了 3 年兵；1985 年，我复员回到老家。

80 年代初，沿海地区迎来了改革开放的春风，在市场经济的影响下，我父亲办起了电风扇总装厂，当时厂子生意特别好，最多时有 400 多名工人。家里富起来了，我们过上了许多人羡慕的好日子。

做中小企业要有工匠精神

当时在浙江省，我父亲的电风扇厂的规模数一数二，通过与浙江省外经贸厅合作的渠道，准备给美国人生产出口砂轮机。但也就是这次的决策失误，使我父亲的电风扇厂很快倒闭了。当时，我父亲从美国引进技术，投巨资研发、生产第 9 代砂轮机。然而，一年后，也就是在 1987 年，我们的产品上市时，台湾已经生产出第 11 代砂轮机。一下子，我父亲所有的心血和资本化为乌有。

这个失误，在强调企业转型升级的今天，仍有借鉴和启示意义。要是我父亲继续做好电风扇，做到现在可能仍然会有市场。问题就是当时没有坚持下去。所以说，做中小企业需要有工匠精神，只要把一种产品做深、做细、做精，就有生存和发展下去的空间。

厂子倒闭那年的年底，给工人发全年工资时，我父亲根本拿不出那么多钱，很多工人和以前的生意伙伴纷纷上门要钱。加上冬季电风扇卖不出去，为了发工资和付账，没有办法，我父亲就把电风扇拆解当废料卖，把厂子里能抵押的都抵押了，甚至连我结婚刚买的家具也卖了。

当时，我们全家人都哭了，但钱还是不够。记得有一次，我奶奶去买了一块8分钱的豆腐，要账的人看见了，说："你们家还有钱买豆腐，怎么不给我们还钱？"最后还闹到家里，把我们吃饭的桌子都掀翻了。那时候，一家人真是寸步难行！

1989年，我奶奶去世时，家里收了一些人情份子钱，父亲让母亲给我们弟兄三个各缝了一个布袋子，装上总共400多块的人情钱，让我们逃到外面去讨生活。

刚到杭州火车站，就被要账的人发现，我们躲在厕所，一直等人家走了，才踏上去洛阳的火车，想着投奔我的战友。

到了洛阳，我们弟兄三个因为一副破败相，遭到了战友的冷遇、歧视。无奈之下，我们只好连夜赶往陕西。之所以投奔陕西，是因为渭南大荔有个人欠我父亲9万元电风扇款。

悠悠岁月，欲说当年好困惑

当时很多人都没有身份证，我们也没有，出发前父亲便开了十几张空白介绍信，想着在我们需要时可以填好了用。那天清晨五六点钟，我们从渭南火车站出来，晕头转向分不清方向，被火车站巡逻人员拦下，一查，发现我们带着空白介绍信，便说要么移送公安机关，要么罚款。最后老三身上280

元钱全部交了罚款。

我们已经身无分文。我想了一个办法，从老家来时带有一个防风打火机，我就拿打火机和值班人员换了 50 多元，买了一兜烧饼带上，到大荔找欠账的人。找到那个人时，他正蹲在地上吃饭，家里穷得啥都没有，根本没办法还我们钱。

我们找不到工作，肚子又饿，就想到了寻死。一次是跳土崖，一次是煤气中毒，两次都没死成。在走投无路时，我父亲出现了。

原来，父亲一直跟着我们。为了生存，他每到一个地方，白天跟着我们，晚上就去火车站提前买张票，等开车前再加价卖掉，靠赚取一点儿差价，一路上悄悄跟着我们。

之后，我们在大荔县找到一家汽车修理厂，老板看我们比较着急找工作，不想让我们打工，想让承包修理厂，条件是包工包料，我们拿三成，他拿七成。这明显不公平，我父亲说："这怎么干？！"

我说："先活下来再说，承包就可以吃上厂里的员工餐了。"

我们三兄弟当学徒，整天在地沟爬上爬下，白天干晚上学。干到第二年五六月时，一算账，我们还欠对方好多钱，于是我和父亲被撵出来，我的两个弟弟却被扣押在厂里了。

当时，电视剧《渴望》正在上演，大街小巷到处都在播主题曲，我至今还记着几句："悠悠岁月，欲说当年好困惑……漫漫人生路，上下求索……故事不多，宛如平常一段歌……"

后来，我和父亲来到潼关县，在一个修理厂找到了活。那时，别人一天才喷一个大轿子车，我们一天能喷 3 台，两天就赚 150 块钱。就这样干了一段时间，我才把两个弟弟接到潼关。

我们在潼关干了半年，老板就不让我们干了。没办法，我们又跑到潼关金矿附近找活儿，虽然累，但为了生活，我们只能先干着。

在西安发现了一个新商机

1991 年，我发现一个新商机。我来西安买汽车配件时，看到一个老板在修理一辆警用夏利车，好半天都没有修好，我就上去帮忙。我打开引擎盖后，用木头做了一个轴定位卡上去，车就修好了。

老板见我很快就修好了，对我说："小兄弟，你这么聪明，干脆咱们合作吧。"就这样，他把一间小库房和一条地沟包给我当修理间，每月收取我1700 元租金。我在东关柿园路租了一间 90 平方米的平房，买了彩条布隔开，然后把父母和两个弟弟从潼关接到西安。

我父亲求生的本领是一流的。我们浙江人把没孵出小鸡的鸡蛋叫喜蛋，据说营养很丰富。为了生活，我父亲把孵化厂退下来的鸡蛋煮好拿到康复路，卖给做服装生意的老乡，贴补家用。

记得那年冬天，怕我们冻着，父亲跑到小东门城墙里的集市，买了两元一件的衣服、裤子和鞋子给我们穿。我们的生活确实很苦，可又没有办法一下子改善。

当时，夏利车上市不久，整个西安只有四五十辆，在土门附近有个夏利车专修站。我去要了一份夏利车的说明书，开始研究修理技术。在没有师傅教的情况下，反复研究才开窍。钻研过程中有个好办法，就是将拆下来的每个配件编号，然后按编号、数据组装起来，发动机就能发动着了。

很快，西安的市面上就有了 1000 多辆夏利车，而且新款车将发动机由四缸改成三缸。

我们弟兄三个就白天干活晚上学习，我负责钣金喷漆，老二负责发动机维修，老三负责电路维修。一段时间后，我们三兄弟基本就可以包修一辆车了。我们的维修技术好，很快就在西安传开了。

我这个人，没有什么过人之处，但我学会了西安人的实诚，在做人做事上讲"诚信"二字。我的经历告诉我，对人诚心相待，一定能感化大多数人。

加之，我们经营模式超前，采取免费换机油、小修、洗车等策略吸引客户，同时针对有困难的司机，修车费用能免就免；有的只收材料费，减免人工费；有的押驾照，还可以赊账。因而，生意越来越红火。到了 1993 年，我们终于还完了父亲当年的欠账。我高兴地和老婆说："再挣上 11 万就回老家，10 万存银行吃利息，1 万拿出来日常开销。"那时只觉得，终于可以抬起头过日子了。

大起大落后靠拼搏东山再起

然而，创业的路不会一帆风顺。因为生意太好，我们遭到一些汽修厂的排挤，甚至有人恐吓威胁我们离开西安。现在想想当时的处境，真是有点后怕。后来，我向对方提出了互利互惠的条件，并以自己的坦诚和大度打动了对方，才最终得以留下来。

随后，我们把修理厂搬到陕西日报社的对面，每天等待修车的车队排到了建国门，以至于需要交警来维持秩序。几年中，我又在西北大学北门、红庙坡、小东门、北郊等地，连续开了几家汽车修理厂，基本上引领了西安的夏利车修理行业。

我们还研发出了一整套的修理专用工具，别人大修发动机一般要 1 周时间，而我们只用 2 天，最后 1 天就能修好；更换离合器只需半个小时。我们兄弟几个出门，有很多驾驶员都能认出来。

不仅如此，就连当时保险公司的一些定价都是参考我们的，多大受损部件需要多少钱，套用我们修理厂的价格。我们库房管理实行零库存，每天从玉祥门汽配城补货。

我们三兄弟约定：无论做什么生意，都坚决不借钱、不贷款，永远牢记父亲当年的教训。

1996 年，我筹集五六百万元去甘肃投资金矿，因为各种原因，最终血本无归。当时，我创业心思太急，跨行步子太大，因此受到了严重打击。回西安时，只带回来一包石头，人瘦得连我老婆都认不出来。连续一个月，我待在房子里不出门，饭都是老婆给送的。

父亲有一天来送饭，看见他眼泪汪汪想哭又不能哭的样子，我猛然醒悟，想起自己和弟弟一路颠沛流离的经历，心里重新拾起浙商不惧失败、勇于创新的精气神，明白面对人生的大起大落，只有靠吃苦耐劳、艰苦创业、敢于拼搏，才能东山再起。

经过几年的打拼，2005 年 7 月，我和两个弟弟投资 300 万元，创建了陕西永久汽车服务有限公司。公司占地 18 亩，维修厂房面积近 8000 平方米，是一家经西安市汽车维修行业核定的一类汽车维修企业。多年来，公司所获殊荣如下：

2007 年，被评为陕西省汽车维修服务企业 50 强；2008 年，被陕西省消费者协会评为"诚信十佳企业"和"质量信誉保障承诺单位"；2008 年 9 月，被陕西省保险行业协会确定为首批西安市事故车辆快速理赔服务中心北郊永久服务点；2008 年至 2016 年，被陕西省采购中心评标委员会评审为"陕西省省级单位汽车定点维修企业"；2010 年至 2015 年，被西安市采购中心评标委员会评审为"西安市市级单位汽车定点维修企业"；2012 年至 2015 年，被西安市未央区采购中心评审委员会评审为"未央区区级单位汽车定点维修企业"；2012 年，被中国长春一汽集团正式授权为"一汽汽车（轿车）特约维修服务中心"，承担着一汽轿车车系的维修保养业务；2014 年，携手安莱（北京）汽车科技研究院，成立汽车空调服务站。

在带领陕西永久汽车服务有限公司不断走向辉煌的同时，我时刻在寻找更多的商业契机。2006 年，我投资 1000 万开办陕西广电网络大酒店，酒店连续 5 年被评为"最佳星级酒店"，2007 年被中国饭店协会评为"四星级绿色饭店"。

2009 年 7 月，我又创建陕西永明光源科技有限公司，以经营高端 LED 照明器材为主营业务。

2011 年，合作建立永久置业投资有限公司，并筹划在北郊投资开发房地产项目。

陕西人说我是浙江人，浙江人看我像陕西人

2012 年 6 月，我发起成立西安市杭州商会，并被大家推举为会长。起初，我老婆和亲友都不赞成这件事，认为付出太多精力谋商会的发展，不如把时间和精力放在自家企业的发展上。而我想的是，一花独秀不是春，百花齐放春满园。

这么多年，我心甘情愿为商会的发展壮大劳心费神、辛苦奔波，即使有再多苦楚、委屈，也从没放弃。商会是一个为会员企业提供信息交流、商机共享、经营互助、文化传播等方面服务的桥梁，同时又能加强企业与政府部门联系，为大家创建一个招商引资、合作共赢的平台。

几年来，商会聚拢了一批优秀企业家，先后注册会员企业 1200 多家，涉及房地产、矿产资源、电子商务、高新技术、军转民等多个领域，在陕总投资超过 1000 亿元，为促进西安、杭州两地的经济文化交流做出了积极贡献。为进一步发挥商会招商引资的平台作用，2017 年，成立了西安浙商联合实业有限公司；2018 年，成立了陕西省大数据研究院。5 年多来，商会被杭州市政府评为"浙商创业创新一等奖"；被西安市民政局评为首批"5A 级商会"；2018 年初，被陕西省工商联（总商会）评为"2017 年度先进商会"。

我生长在杭州，对故乡有忘不了的乡情；我成家立业在西安，对这里有割舍不下的感情。就像陕西人说我是浙江人，浙江人看我像个陕西人那样，作为一个成长于西安、创业于西安、结缘于西安的商人，我身上既有浙商的血脉也有西商的影子，两地文化在我身上得到了很好的融合。

我以为，西商精神的核心就是信誉，只有讲信誉、相信人，才能用好人、凝聚人，才会做好、做成事情。我之所以能在西安把生意做大，就是因

为继承了西商讲信誉、重情义的传统。

西安就是一个大宝藏

在西安生活、工作了这么多年，感受最深的还是 2017 年以来西安发生的新变化。西安的烟头革命、厕所革命、行政效能革命影响很大，首届西商大会、硬科技大会和欧亚论坛等大型活动的举办，特别是今年春节"西安年·最中国"系列活动，极大提升了西安在海内外的知名度和影响力。西安经商投资环境越来越好，已成为国内外投资的热门城市。

我认为，西安建设国家中心城市和国际化大都市有很大优势，根子就是西安有 3000 多年的皇城文化和胸怀天下的包容精神，而且还是古丝绸之路的起点。当前，西安在大力倡导西商精神，并实施户籍、人才、创业创新三大新政，营商环境会越来越好。随着西安的发展和影响力的扩大，一定能聚集更多的客商共谋发展，推动西安各项事业又好又快地发展。

作为一个西安的企业家，为大西安大发展做点力所能及的事情，是我的责任和义务。所以去年以来，我重点抓好商会的招商引资工作，并且多次从军转民、企业转型升级的角度，积极向客商推荐西安雄厚的科教实力。

我告诉他们，西安拥有普通高等院校 80 多所，研究生培养单位 46 家，两院院士 86 人；科研机构 3600 多个，省部级以上重点实验室、工程技术研究中心 208 个，军工企业单位 44 个，就是一个大宝藏。这么好的资源全国少有，非常有利于创业创新，真诚希望客商抢抓机遇，在西安有更好的发展。去年，在丝绸之路项目对接洽谈会上，我们商会邀请中科院、中国电子科技集团公司第二十研究所、北方光电、西安电子科技大学、西安建筑科技大学的专家教授，和杭州企业家进行洽谈合作。

同时，商会将在西安、杭州两地开展更宽领域、更高层次的合作，为会员企业转型升级寻找商机，创造机会。在国家提出军民融合战略的背景下，商会希望把西安的科研院所、大专院校研发出来的科技成果，与西安本土寻求转型升级的企业对接，或者引进浙江，同各个地市企业家对接，并邀请他们来陕考察、投资，将这些多数达到国内、国际领先水平的高精尖成果转化

正在建设中的西安城

为产品，使其变成更好的商品出售。目前，公司已经整理出 200 多个科研成果和项目，可供客商进行对接洽谈。

既为浙商争光也为西商添彩

2018 年 1 月初，在我们召开杭州商会第二届第一次会员大会暨新春联谊会时，西安市委主要领导给我们发来贺信，寄语商会秉承"浙商精神"，融合发扬"新西商精神"，主动融入大西安发展潮流，牢牢把握合作共赢主题，坚持高起点、高水平办会，发挥好桥梁纽带作用，把商会真正建设成会员满意、政府认可、社会称赞的一流商会，为加快西安和杭州两地繁荣发展做出新的更大贡献！

我对大家讲，这封贺信的意义很不简单，充分体现了西安市委、市政府对企业家的重视、关心和鼓励，更是为商会今后的发展指明了方向，提出了要求。

历史上的西安，曾孕育传承了影响世界的商业文明，留下了"忠义仁和、开拓进取、敦厚诚信"的传统商业精神，是中国商业文明的"典范城市"。改革开放以来，广大新西商传承弘扬了西商精神，为西安经济社会发展和城市建设做出了卓越贡献。

因而，我们作为在西安的浙商，在今后的经商实践中，应该把传承浙商坚忍不拔的创业精神、敢为人先的创新精神、兴业报国的担当精神、开放大气的合作精神、诚信守法的法制精神、追求卓越的奋斗精神，和发扬西商诚信、大气、包容、务实的精神结合起来：在经营理念上，勇于创新、开拓进取；在价值追求上，诚实守信、服务社会；在做人格局上，胸怀大义、勇于担当。

这样，我们这些浙商也同时成为新时代的一名新西商，既为浙商争光，也为西商添彩，在发展民营经济和推动西安、杭州两地经济发展中做出更大的贡献。

吴联配
商道武道，道理相通

访谈时间：2018 年 3 月 9 日

访谈地点：西安市未央区

口述人简介：

吴联配，男，汉族，1963 年 7 月出生，浙江温州苍南县人，本科学历，中共党员。现为陕西沪港实业企业集团董事长，兼任陕西省工商联常委、西安市政协委员、西安市工商联副主席、陕西省温州商会会长、西安温州商会会长、陕西省武协副秘书长、陕西省华夏太极推手道馆执行馆长等职。

想把生意做成要有耐性

1979 年，我从温州市苍南县钱库高级中学毕业。高中都毕业了，我还没见过汽车、电视机，感觉那时候的自行车比现在的宝马都珍贵。1980 年，我就开始在老家跟着大人学习经商。

1982 年，我来到了西安。那时候，来西安的交通很不便，买到手的火车票都是没有座位的，我们就提前准备好塑料布，上车后铺在座位的下面，大家轮流睡觉。来西安一次需要三天两夜或者两天三夜的时间，要经过各种奔波折腾才能到达。

当时绝对没想到，自己会在西安这座城市扎下根。现在是 2018 年了，我在西安已经工作、生活 36 年了，算得上是一个地道的新西安人和新西商了。

1982 年刚来西安时，改革开放的东风才刚刚吹起，很多人不但没有做生意的意识，甚至还有些看不起做生意这个行当。当时，我们来西安干的是挂靠经营，受温州华联科技工艺厂之托，来西安出任这家厂子的西北业务代表。

说白了，就是跑业务的。我们苍南是闻名全国的印刷之乡，所以来西安后就代厂子联系印刷方面的业务。我们接下业务以后并不自己干，而是拿回老家去加工，做好之后再通过物流发回到西安。

一个年纪轻轻的温州人，在一座陌生的北方城市里跑业务，困难是难以想象的。为了生存，我整天咬着牙骑上自行车，在西安的大街小巷里"扫楼"。只要看见有挂牌子的、像个单位样子的楼房就走进去，一个房间一个房间地去推销业务，微笑着给人家耐心推荐我们的产品。很多时候，人家根本不愿听你的介绍，所以吃闭门羹是经常的事。

从老家来时，前辈们就告诉过我：温州商人打天下，靠的是精明能干、吃苦耐劳的开拓精神和诚信务实、灵活经营的管理思路。每次吃闭门羹后，我就对自己说：这家不行，是自己的功夫没到，再走一家吧；下一家，一定会有单子的。要想把生意做成，就一定要有耐性，不能因为人家不喜欢就放弃，那样什么事也干不成的。

经开区服务外包产业园创新孵化中心

在西安建起自己的客户圈子

靠着这样自己给自己打气，经过坚持不懈的拓展，我在西安的业务范围慢慢扩大了，大家对我们的产品也逐渐有了更深的了解。很多在西安新结识的朋友、客户，都认为我这个南方小伙子不错，值得交往，有的还好心地帮助我介绍业务。

就这样，我逐步在西安建立起了自己的客户圈子。1990 年，我还承包组建了一家国营印刷厂。一直经营到 1998 年，我就辞去了温州市华联科教工艺厂主任的职务，开始独资创办实业，成立了自己的公司——陕西沪港印务经贸有限公司。

2005 年，在西安市经济技术开发区招商引资活动中，我们建立印刷三产基地项目入选。2006 年，在经开区尚稷路 5388 号购置 100 亩土地，建设了陕西沪港印务经贸有限公司生产基地，打造温州文化产品、包装产品西部加工、生产、销售基地。

在草滩，我们建立了印刷生产流水线。经过这些年的不断创新努力，这个基地先后取得了全国工业生产许可证、ISO9000 认证、绿色印刷认证和新闻出版物的印刷许可证。2009 年，又投资接管了阳光沐浴酒店，之后成立了陕西沪港集团。企业始终坚持诚信第一，我们的口号是"坚守实业、创业创新"，这也意味着企业开始进入多元化发展轨道。

到今天为止，算起来，我自己创业已经有 20 年了。经过这么多年的打拼，公司现已成为一家涉及印刷业、酒店业、高速路导向牌、护栏等附属设施工程及工业、风力发电能源、农村垃圾一体化处理等多个领域的综合性实业公司，是集设计、生产、营销于一体的印刷文化、办公用品生产企业，也是陕西省、西安市一些机关公务印刷、政府文化办公用品采购定点企业。

最让我感到高兴的是，以"沪港"商标为标志的企业业务，已经覆盖西北，遍布全国各地。企业曾多次获得陕西省及西安市精神文明企业奖、优秀企业奖、"重合同、守信用"企业奖、卫生消防先进单位等荣誉，被金融部门评为"3A"级信用客户，被税务部门评为"A级"纳税企业。

老的商业手段已被颠覆

现在的中国，正处在一个急速变化的新时代，老的商业手段已被颠覆，如果没有新思路、新打算，只能被淘汰。对于我们这样一个搞印刷出身的企业来说，在印品防伪和印刷包装两个方面都要创新。现在，很多产品都过度包装，浪费了资源，增加了社会负担，而且增加了真正成品价值的成本。所以，我们在包装方面既要上档次，同时要保证简洁实用，做到不浪费资源。

除此之外，我们企业今后还得向高科技、硬科技、黑科技领域进军，不断学习、改革、发展，绝对不能墨守成规，不然就跟不上时代的发展。

另外，我们以前做传统民用品，今后还要进一步整合资源，做好军民融合产业，因为西安是重工业、高科技基地，我们要充分利用这个优势，为企业开辟一片新天地。

2010 年，我光荣地当选为第六届西安温州商会会长。西安温州商会 1995 年就成立了，也是全国成立的第一家温州商会。现在，被温州市委认可的全国各地温州商会已达 268 家，温州商会数量之多，在全国名列第一。

如今，西安温州商会旗下有 839 家会员企业，全省各地的温州企业加起来超过了 3000 家。2017 年，我还光荣地被西安人民政府聘为西安招商大使。

实际上，自 2017 年以来，世界各地的浙商、温商来西安的特别多，这些企业朋友是通过我们商会牵线搭桥的。我们要当好这个"向导"，积极为西安、温州的招商引资奔波。在给大家做公益做服务的同时，自己个人的时间就少了，现在每天百分之五六十的时间都用于服务商会，因为商会是个服务平台，在其位就要谋其职。

我希望把商会建设成西安温州人的家，以商会的龙头作用，带动在西安投资创业的温州企业及个人发展壮大，为温州、西安两地经济发展做出应有的贡献。

经商不创新就要被淘汰

在商会组织大家学习十九大报告中，我们牢记这样一点：不忘初心的同时，还必须要创新。改革开放以来的这 40 年，我们温州来的商人基本从事的都是传统行业，以中、小、微企业居多。

现在全面深化改革的新时代已经到来了，所以商会的主要目标是带领会员企业去创新，去整合社会资源。商会告诫每个会员企业，我们这一代商人，都是勤劳拼搏，一步步干出来的，现在经商不创新就要被淘汰。在原有的基础上，一定要改革、创新，不创新就没有生命力，企业要融入时代潮流，在具备条件的时候，必须要脚踏实地地去改革创新。

同时，我们也提醒大家，切忌盲目转型，现在社会法制越来越健全，环保越来越被国家重视，能生存到现在的企业必须要适应新时代的新要求，注重节能减排。创新也不是一句话这么简单的事，必须要具备综合实力才有可能做好。

商道和武道是相通的

除了浙商身份之外，我还是一名武术爱好者。初中的时候，我就开始练南拳，后来来陕西又开始练白猿通背，练形意，现在练武当、赵堡太极拳。现在有六大太极门派，不管练哪一门派都是有益身体的。在武当山太极比赛中，我连续5年都是陕西省的领队。这些年，陕西省太极推手冠军都是出自我们这支队伍，我们也是唯一代表陕西省出去打太极的队伍。

赵堡太极拳被确定为非物质文化遗产。我们给太极拳、红拳爱好者提供免费场地。每天早上，很多人过来练，我师父就在那里教。我现在还兼任陕西省武协副秘书长，也是西安市武协常务副主席。

2018年，西安很多学校要推行赵堡太极拳进校园活动。2017年12月西安市挑选了部分学校的老师，大概有五六十人，来我们这里培训。太极拳真的很好，打太极拳不受任何场地、时间、天气的影响，老幼皆宜。打一套太极拳大概需要6分钟，我现在每天最少练半个小时。

最为重要的是，通过打太极拳，我体会到了商道和武道是相通的。太极拳的宗旨在于中正，这个中正在商道里的理解就是企业家要走得正，延伸意义也就是要讲诚信、守规矩，企业家必须要守法、懂规矩、讲规矩、有原则，认真执着，积极开拓。这个经商之道，和中国的很多传统文化都是相通的。

西安发展新气象

我是农民的儿子，小时候在家放牛时，怎么也想不到能有今天。能过上现在的好日子，主要要感谢党，感谢国家。这几年，整个国家都在飞速发展。只有在一个稳定的国家和稳定的环境中，商人才能得到更好的发展。

作为商人，一定要看到外面世界的发展形势，不然就是井底之蛙；要努力学习别人身上的闪光点，每天都要反省自己，一年 365 天，如果每一天都花时间反省自己一下，那一年下来将会有很大的进步。

如果企业的情况还可以，自己的能力条件也允许的话，我们还是要多做公益事业。只要人人都献出一点爱，社会也会变得越来越好。对于做生意的人来说，财富就是流动的水；如果守住钱财不动，那和守住一潭死水没什么两样了。

从 2017 年以来，西安的变化很大，城市越来越干净了，人民的幸福指数也在不断提高。西安发展建设呈现出新气象。

西安这个地方了不起，是十三朝古都，出了许多皇帝，帝王文化的积淀之深厚，在全世界也是罕见的。我来西安 36 年了，现在也已经是新西安人了，我很庆幸自己在 1982 年时选择来到西安。

现在，西安的环境非常有利于商业的发展，为商业的发展提供了一种前所未有的机遇。2018 年春节时，我收到了西安市政府发来的慰问信，这是我在西安经商 36 年来遇到的最高的礼遇。我们得到了重视，就更要撸起袖子加油干，用更好的成绩来回报社会。

今年是改革开放 40 周年，也是陕西省委、省政府确定的营商环境提升年。营商环境主要体现在政府招商这方面。希望西安市政府能够在加大招商力度的同时，切实解决中小企业融资难等问题，支持中小企业的发展；建议政府在执行招商具体政策时，对诚信与不诚信的企业，要区别对待，以便优化营商环境。政府各部门务实、高效地为企业提供优质化服务，将会为企业发展注入更多的生机与活力。

长风破浪会有时，直挂云帆济沧海。大西安大发展需要我们温商，温商的发展壮大也离不开这片热土。不积跬步，无以至千里，愿温商的"敢为天下先，敢吃天下苦，敢闯天下难"的创业精神，融入三秦大地，让温商与西商相望于道，让敢为人先与历史厚重不绝于途。

孙建光

军民融合的大道
越走越宽

访谈时间：2018 年 3 月 19 日

访谈地点：西安市鄠邑区沣京工业园

口述人简介：

孙建光，男，汉族，1967 年出生，浙江省宁波市慈溪人。20 世纪 80 年代来西安创业，在电子配件、塑胶制品、影视文化、军民融合等多个领域均取得了喜人的成就。现为陕西精英机械制造有限公司总经理、西安芳源环保科技有限公司董事长、北京甬商影视文化有限公司董事长、西安市宁波商会会长。

不知下一站该去何方

我叫孙建光，1967 年出生在宁波慈溪，16 岁开始经商。从出生到 20 世纪 80 年代初，一直没有离开过宁波。

现在想来，离开家乡走上经商道路，有很大的偶然因素存在。当时，国家实行改革开放政策，田地也分到户了，农村里的剩余劳动力显得比较多。于是，村委会就鼓励年轻人到外面做生意，规定外出做生意的本村青年，可以得到村里的一些支持。说白了，就是第一次外出的差务费，可以拿回村里报销。

我当时年轻气盛，也想着出来闯一闯，看一看外面的世界。于是，便和村里的几个兄弟一起跑出来，到了上海火车站后，谁想去哪里就买哪里的车票。我第一次出门，心里很茫然，甚至都不知道下一站该去何方。徘徊了好一阵子以后，发现南昌离上海比较近，于是就买了一张去南昌的票。

到了南昌，便找了一家旅馆住下，一晚是一块六毛钱，32 个人住在一个上下铺的大房间里。每天只吃些方便面，就提着皮包装着电子产品往外面跑，到各个高等院校、科研院所去推销。在南昌时，我每天白天出去跑，晚上回来简单吃点泡面填肚子，对生活也没什么要求，只要有休息的地方、有吃的东西，就很满足了。

当时，住在我下铺的一个小伙来自济南医学院。他的钱丢了，就问我能不能借给他 100 块钱，还说已经和家里人发电报了，家里人过几天就把钱汇过来。后来他和我说，要不你和我一起去济南吧，在那儿至少我们有住的地方。我想在外做生意，去哪儿都一样，就和他一块去了济南推销电子产品。当天晚上，到他家以后，他妈和他姐都很热情，他们家房子也很小，只有十几平方米，他家里的一个大板子，白天当案板，晚上当床板。他妈是医学院的护工，人很淳朴，还给我们包饺子吃，让我心里暖暖的，感觉就像回到自己家一样，就像现在那句广告词说的那样——好客山东。在济南待了四五天，我就回来了。去的时候拿了 750 块，回来时还有 500 多块，只用了 200 多块钱。

回来以后，我把手头的电子产品，按照对方的需要组合好给人家发出去。大概把货发出去一个星期以后，就开好发票，随身带着去催款。从济南又跑到了潍坊，之后还去了淄博、青岛。

做生意不能只靠腿天天去跑

第三次出门时，我来到了西安。当时，很多老乡都在西安东七路的教育局招待所住，于是我也来了西安。那时，从上海到西安的车票只要 24 块钱，我就拿几张报纸，白天看，晚上铺在座位下当床铺。到西安的当天晚上，由于对西安不熟悉，没有及时找到教育局招待所，就先在西七路的春蕾招待所住下。

第二天早晨起床，还闹出了一个大笑话。当时，北方的被罩中间有个大洞，是用来装网套的。我不知道，还以为睡了一晚上，给人家把被罩弄烂了，心想这下子坏了，要赔不少钱的。于是，一大早就赶紧把被子叠好，退了房。

之后找到了教育局招待所，这里一天的房费是五块五毛钱。服务员说，你们很多老乡住在这里。果然，这里住着四五十个老乡，马路对面还有一家南方饭店。

一直到 1989 年的时候，我认为做生意不能只靠腿天天去跑，得有个固定的地点。加之，我原来先发货后开票要钱的模式遇到了新的问题，有些人不太讲诚信，收到东西后老是拖着不结账。于是，我便在交大二村搞了 3 个柜台，把电子产品摆在柜台上，进行现货现款的交易。这样干了好几年，等到 1996 年时，发现贸易经济的库存量太大，而且库存也不一定能全卖掉。因为，所销售的产品不是自己生产的，一旦合作伙伴提升产品后，库存就更难卖了，也赚不到什么钱。

怎么才能摆脱这种困境？

我想，我们慈溪是全国的模具之乡，还是做家乡的拿手本行——塑料模具的生产及塑料件加工。但当时的通信条件很有限，手机根本没有现在这样强大的拍照功能。我们的做法是，先把联系到需要加工的图纸邮寄回老家去做，遇到图纸上有曲线什么需要后期交流沟通的，就得把这个部位放大复印出来，再写上详细的说明，然后传真到厂家。这其中的沟通交流是很麻烦的，周期也比较长，生意也很受约束。

事实并不是我想的那样

1996 年 12 月的一天，一次偶然的机会，碰到一个住在我隔壁的北京的朋友，他说有一批塑料注塑机要出售，让我帮忙看老家有没有人需要。第二天早上，我们就骑着摩托车，带着相机，把这些设备给拍了下来，照片寄回老家后，老家的朋友说这个设备质量是很好的。但是，还有点儿担心，因为这个设备是进口的，万一坏了，说明书是全英文的，修理工看都看不懂，更不知道该怎么修理。

索性，我跟他商量能否卖给我两台设备。我就将机器买了下来，后来在使用中发现这设备就是好，使用了 20 年，连阀门都没漏过油。我后来还联系了香港厂家，把设备的中英文说明书给买回来了，以便进行正常的维护保养。当时，我以为做塑料制品是非常挣钱的，但是事实并不是我想的那样。我记得很清楚，1997 年我们交的电费只有 6000 多块，这说明我们的生产量是很有限的，也没有赚到什么钱。于是，我就和老婆商量，西安的生意不好做，实在不行的话，我们就回老家发展吧。至少到了老家不用交房租，吃的菜呀什么的，都是自家地里种的，也不用花什么钱。

就在我很矛盾、很纠结的时候，有朋友说西安有个厂子要对外承包，厂子里机械设备什么都是现成的。于是，我就在这个厂子的基础上，组建了自己的模具厂。到 2000 年时，认识了一位来自台湾的朋友。他说，汽车里的芳香产品在台湾很流行，建议我也可以做这个生意。我就让他帮我打听，这种生产芳香产品的原料在台湾嘉义卖多少钱一斤。得知 1000 多块钱一斤后，我就开始做这方面的准备了。但是，我做出来的芳香产品的外观不是很理想，加之前期的投资很大，后期坚持做了两年就赔本了。

武器装备业有很大的发展空间

真是天无绝人之路。就在我最困难的时候，接到了西安一家科研所加工军用品的订单，是对方设计好的，我们只需要照图加工就可以了。虽然活不是很多，一年的加工费才 1 万多块钱。做到 2004 年的时候，由于原来厂子的租期到了，就搬到了齐王村工业园。

在这种情况下，我发现机械制造特别是武器装备业有很大的发展空间，感觉中国即将迎来一种蒸蒸日上的全新状态，于是就加大了投资的力度，也迎来了我人生的一个重要转折点。我 2004 年在设备上的投资是 200 万元，到 2005 年时又增加了 700 万元的投入，注册了陕西精英机械制造有限公司。当时，我一买设备就是 10 台，就连国有企业都没有这个魄力。甚至，还有朋友觉得我这样做太草率了。因为，一旦没有了市场需求，这些设备就是一堆废铁。

我并不是傻大胆。我仔细地分析了当时的国际形势，觉得我们国家在武器装备这方面的生产，至少还要发展 10 年。果然，经过几年的奋斗，我们的业务一年比一年多，工作量也是一年比一年大，车间里经常加班到深夜。有时生产新的产品任务比较急，需做一些加强性的实验，实验不行当晚就重新做；有时一件产品的售价，甚至连我们的成本开支都不够。但是，我们还是继续坚持企业宗旨："以我们不断的追求卓越，持续为客户创造价值。"2009年，又斥资增加、更新了更先进的机器设备，扩大再生产，为之后在军工机械制造领域实现军民深度融合发展打下了良好的基础。与军工行业客户从2001 年合作至今，我们用企业的诚信、价格和效率，在激烈的市场竞争中站稳了脚跟，也与客户建立了长久的合作关系。

创造了工业园高速、高效的纪录

　　回想自己几十年的创业历程，也有心酸的一面，离开父母，离开兄弟姐妹，一个人来到大西北，自然是有些思乡之情的。经常有人问我，这些年在西安习惯不？其实，我个人对生活没有太大要求，每天早上在家喝一碗稀饭，带上两个馍在去公司的路上边走边吃，等到了公司刚好吃完早饭。

　　后来，因为齐王工业园城中村改造，我在雁塔区租了一块地，盖了厂房、办公楼、宿舍楼。正准备安装变压器的时候，遇到了不可抗力，损失了近500万元，这里面当然有我的过错，所以我也得认这个账。所谓"舍得"，有舍才有得，大舍换来大得。通过这件事之后，我便把企业放到了位于户县（今鄠邑区）的沣京工业园。

渼陂湖

　　资料提交后，园区认为我的项目无污染而且技术先进。2011年8月24日，户县（今鄠邑区）县委常委会就研究通过了我的项目。2012年5月开始搞基地建设，2013年6月厂房搬进来了，2014年办公楼也建好投入使用，总投资达9500万元。从规划、盖厂房到建办公楼，我的企业创造了沣京工业园的一项高速度、高效率的纪录。

　　企业从雁塔区搬到户县（今鄠邑区）后，很多员工认为在雁塔区上班是在城市里上班，在户县（今鄠邑区）上班就是在农村打工，不愿意到户县（今鄠邑区）来上班，结果70%的员工都流失了，虽然我提高了各方面的待遇，但是愿意留下来的员工还是很少。于是，我就四处招人，招聘员工，终于将队伍稳定了下来。

一帮人的成就才算成就

在园区，我们公司凭借先进的精细化加工工艺，长期为诸多军工企业加工优质安全的配套产品，得到用户的一致好评。在为客户提供良好的产品的同时，还为用户提供工业加工所需的所有解决方案及完善的服务体系。现在，企业主产品年供货量达到 11 万件。公司于 2005 年通过 GB/T19001 质量管理体系认证。2014 年 3 月，通过了 GJB9001B-2009 武器装备质量管理体系认证。2016 年 2 月，通过陕西省军工保密资格认证委员会认证，我们取得三级保密资格。

近年来，我们以岗位扶贫的形式拉动当地农民经济创收，按照"能者有其岗，劳者有其酬"的原则，让当地大量失地农民有了工作岗位，且计件论酬，多劳多得，解决了当地农民的就业问题，赢得了当地百姓的赞誉，为促进区域经济的发展及社会和谐进步做出了贡献。大家对我们的企业也比较关注，多次邀请我参加鄠邑区的活动，为当地的发展积极做贡献。

一个人的成就不叫成就，一帮人的成就才算成就。宁波人赞颂一种"报效桑梓"的情怀。凡有宁波人在外奔波从事实业的地方，几乎都有宁波同乡会的组织。这些同乡会都有一个共同的宗旨：扶助乡亲，报效桑梓。这种理念在宁波商帮当中体现得尤为明显，当他们离别故土，走南闯北，艰苦创业，取得成就之时，不忘报效国家，不忘为故乡父老造福。勇创大业，报效桑梓，这也是"自强不息，坚忍不拔，勇于创新，讲究实效"的浙江精神的重要内涵，也是浙江精神在商人身上的具体体现。

2012 年，西安市宁波商会成立，我被大家选举为首届会长。自商会成立以来，我经常奔波于西安、宁波、北京、上海等地，为西安、宁波两地的经济发展开展调研、挖掘潜力，为招商引资做了大量的工作，为推动经济发展做了贡献。我们引导会员企业积极发扬"宁波帮精神"，以宁波前辈邵逸夫为精神榜样，学习富而思源、感恩社会、大爱无疆的奉献精神，通过集体的力量来帮助更多需要帮助的人，先后在商洛、蓝田、周至、临潼等多个贫困地区开展精准扶贫工作，通过企业"一对一"的帮扶，帮助多个乡镇村庄摘掉了贫困的帽子。

在西安市各级政府的关心支持下，2015年商会被西安市政府民政局授予"5A级商会"称号；2016年被宁波市政府授予"促进宁波发展工作优秀商会"称号，同年，还被西安市商务局授予"招商引资突出贡献商会"荣誉称号。2017年，我被西安市人民政府和碑林区人民政府任命为"招商引资大使"。

打造航天科普体验式小镇

新时代提供新机遇，需要谱写新篇章。西安和宁波之间是有历史渊源的，西安是陆上丝绸之路的起点，而宁波是海上丝绸之路的起点，也许这就是冥冥之中注定的缘分。对于西安这两年来翻天覆地的变化，我们看在眼里，喜在心头，西安的环境美化、政府服务意识的变化之巨，以及"白加黑、五加二"的工作理念都是前所未有的。作为宁波商人，我们非常感谢政府给予机会，让我们能够参与到大西安的建设中。对于我们企业来说，要努力实现产品研发、企业合作本土化，吸引更多浙商企业，深入西安来发展。

我特别要说的是，航天、航空、核工业、兵器、中船、中科院等很多高科技的国家队，都在西安有重要的布局。这说明，军工产业是西安的一大发展优势。推进军民融合快速发展，将成为西安转型发展的一个重要出口。对于我们企业来说，军民融合的大道将越走越宽广。我们在不断提升军品生产的基础上，还积极规划建立军民融合的环保生态园。

2018年1月，我们已经与相关部门签署合作计划，准备在西安打造一个航天科普体验式小镇，让西安的百姓了解更多的航天知识，比如：宇航员是怎样挑选的，他们是怎样培训的，又是怎样进入太空的……我们这样做，就是要通过企业的努力，回报西安给予我们的恩情，研发出更多更好的军民融合产品，以满足西安人对美好生活的向往。

刘明亮
牌子和信用至关重要

访谈时间：2018 年 3 月 21 日

访谈地点：西安市国际港务区

口述人简介：

　　刘明亮，男，汉族，1962 年出生，浙江温岭人。1979 年高中毕业后学习木工手艺；1984 年来西安创业，后创办了华东家具厂；2000 年起创办永和"永师傅"品牌，被誉为"西北豆业大王"；2010 年 12 月，当选西安市台州商会会长至今。连续两届被选为西安市政协委员。现为陕西永和豆浆食品集团公司董事长。

男孩子要靠一技之长安身立命

我叫刘明亮，1962 年出生在台州温岭的一个小镇，家里有兄弟姐妹 9 个，我排行老七。由于家境非常贫穷，我小时候最大的梦想，就是能吃上一顿饱饭。让我至今仍感到痛心的是，12 岁读初中的时候，母亲积劳成疾，不幸辞世。看到父亲一个人沉默而辛苦地劳作养活全家，我就明白了责任和担当。那时，我很希望自己赶快长大，能为家庭减轻负担。

1979 年，我高中毕业后，先给乡镇企业汽配厂跑采购，后来又跟着水利工程队当施工员，还到浙江龙泉、湖北沙市等地搞过建筑。那几年，整天东奔西跑地挣钱，虽然很苦，但也很快乐。

然而，我父亲说："一技在手，吃穿不愁。"从古到今，我们浙南地区的父母都鼓励男孩子志在四方走出去，要靠一技之长安身立命，而且手艺人也比较受人尊敬。父亲觉着，如果我再这样东奔西跑下去，我一辈子都不会有什么前途的，会让他的心里很不踏实，就要求我学一门技术。于是，他就领我在当地拜师学习木工手艺，认为木工待在房子里工作，不会像泥瓦工那样风吹雨淋。做了 3 年学徒，我学成一手木工绝活。

1984 年，在西安同学的邀请下，我来到西安，想凭借自己的木工技术寻找立足之地。但很长一段时间，只能接到一些零散的小活，勉强维持生计。

走了不到半小时衣柜就卖出去了

有一天，在西安友谊路与朱雀路十字附近，我看到一家名为"西安家具研究所"的机构。于是，我就走进去，想学习一下里面家具的做工和款式。结果，只看到几台款式陈旧的衣柜和做工粗糙的桌椅，我失望了。

于是，我就和家具研究所的经理攀谈起来。我对经理说，这些家具设计得比较陈旧……经理以为我年少轻狂，就说："那你做一套好的家具出来，给我看看。"这话把我给刺激了，我当场就说："做一套就做一套，我还要拉来和你们比试比试。"

回到白庙坡的租住屋后，我就加班加点地干起来。10 天左右就做出了一个大立柜，借了辆三轮车拉到那个家具研究所，引来很多人围观。经理看了，十分惊讶，就问我这个卖多少钱。我随口说了个价格。没想到，他当场就把大立柜买下了。两三天后，我再次路过家具研究所，发现衣柜不在了。经理见到我，立即一把拉住我，说："你也没留电话，那天你走了不到半小时，衣柜就卖出去了。你赶紧再做几套，衣柜桌椅床都可以，就按你的款式做，做好了都拉来。"他还投资 5000 块钱和我合作。

就这样，我开始没白天没黑夜地赶做家具。那是一个百业待兴的年代，我做的家具款式新颖，做工精细，一时供不应求。觉得机会来了，我就借钱和几位同乡办起了家具铺。后来，家中哥哥带着钱也投入家具生产中。就这样，我的前店后厂式的家具铺热火朝天地办了起来。

1985 年 9 月，我在西安租下城中村一块土地，盖起车间，扩招工人，扩大生产。一年下来，赚了 10 多万，这是我赚到的第一桶金。1987 年，我再次搬迁厂址，将西安西服总厂车间租下来，开办了西安市华东家具厂，进行家具机械化生产。随后，在西安先后开设第一、第二、第三门市部，直销沙发、床垫和成套家具等。到 20 世纪 80 年代末，我的家具厂年产值已经超过千万元。

我一直在家具行业做了 19 年。华东家具成为西安家具业中的龙头企业，荣获省、市、区多项荣誉。作为优秀民营企业家代表，我还受邀参加国家轻工总局与中央电视台举办的"质量万里行"节目，并多次被央视和地方电视台专题采访。

一口气开了 4 家永和豆浆品牌门店

我们浙江人做生意，是非常重视信息收集的。当时，整个家具业已经开始从实用型向工艺品、摆设品过渡。但是，受西安气候条件影响，想要做更

永和豆浆门店

高档的家具，确实是一件比较难的事情。加之，秦岭的木材资源有限，做家具的成本不断加大，西安也缺乏有创新力的技术人员。但是，西安作为全国的旅游大市和西北的门户，城市规模正在不断扩大，人流量巨大。我意识到，西安的餐饮市场很快会火起来的。

于是，我决定企业转型，改做豆制品。当时，我一口气在西安开了4家永和豆浆的品牌门店。作为24小时营业的餐饮店，永和豆浆的开业轰动西安，店里每天门庭若市。有一次，一家门店的二楼钢木结构楼梯居然被拥挤的消费者踩断。同时，陕西的很多商家主动找上门，请求加盟。我没有让加盟，因为我考虑到城市改造开始了，大量的餐饮企业会出现，门面租金还会涨，而且门店三班倒人员的成本也会加大，很多人盲目加盟进来，弄不好会把牌子做砸了。

谁也没有想到，一场突如其来的"非典"会在 2003 年春天降临。原先生意火爆的豆浆店，一下子冷清下来。这件事让我下决心进行豆腐改革，为此，我专门去了日本考察，日本的内酯豆腐设备产业化程度很高，但不适合中国。为了解决技术难题，我们先后进行了无数次实验，几乎是生产一批倒掉一批，先后倒掉了数十吨半成品。

企业无论大小都要有社会责任心

当时，有人说把这些半成品卖掉，企业损失就会降低很多。但我坚决不同意，对于做生意的人来说，牌子和信用是至关重要的。质量是生命，管理是保障。企业管理目标的实现，产品质量的保障，都要通过日积月累和一点一滴去实现。无论企业规模大小，都要有社会责任心。生产的产品，不是靠嘴上说得好，而是要经得起消费者的检验。

豆浆

浙江人的性格里，有种倔强的东西在，我们相信有事可做，不轻易否定每个新想法，而是想方设法地为想法的实现而拼搏。我不允许自己就此打住，便四处聘请人才，解决难题。

2004 年，我终于请到一位参加过上海"豆腐革命"的教授来西安，对我的企业进行全方位策划，对员工进行系统理论和实践培训，并为企业拟定了一套完整的质量标准，还成立了专门的实验室和化验室，对整个生产流程进行跟踪监测。在教授的指导下，企业的产品实现了质的飞跃，终于生产出理想的产品。

近 10 年的不断探索和超越，我打造的永和豆制品获得了市场认可，取得巨大成功，先后获得了西安市著名商标、陕西省著名商标，取得 ISO9001 质量管理体系认证，成为西安第一家获得生产许可证的豆制品生产企业。2012 年，被指定为西安市放心豆制品惠民工程实施单位，成为广大市民放心和喜爱的品牌食品。2012 年，永和生产基地迁址雁塔区鱼化工业园，实现了企业升级和产品换代。现在，我们每天消耗 50 吨大豆。永和豆制品门店 400 多家，销售点 1000 多个，拥有 11 条配送线，企业年产值达数亿元。让人欣慰的是，总投资 1.2 亿元的永和豆浆基地，已经进入蓝田食品工业园区。

回首自己经商这么多年所走过的路，我和企业始终坚持学习，善于学习，不断进步。来企业工作不仅仅是为了挣钱，个人价值的体现、个人的全面发展也很关键。因此，永和每年都针对不同岗位和员工自身的特点，组织员工到外地培训学习、进修。同时，还开展企业的文娱活动，丰富员工的业余生活，让员工在企业感受到家一样的温暖。企业真正做到以人为本，管理走上了良性健康的发展之道。

如今，我除了经营永和豆业外，还涉足房地产、金融、酒店、娱乐、餐饮等领域的多元化经营，都取得了骄人的业绩。2010 年 12 月，西安市台州商会隆重成立。我被推举为会长，也比以前更忙了。西安市台州商会不仅是每个会员的家，亦是台州籍在古城商企人士共同的家。商会努力为每个在西安的台州籍商企人士提供服务和便利。

商人是社会中坚力量的重要组成部分

从古至今，商品因商人而聚集，市场因商品而繁荣，产业因市场而兴旺。聚商是经济之魂。我们成立商会，就是要聚商、安商、助商、富商，用商人的群体智慧和财力，激发和增强扩张的活力，走上一条更高层面的做大做强的辉煌之路。同时，商会的每个会员都是老板，老板管老板，怎么管？很难管！我觉得要靠制度来管，制度面前人人平等，随着制度的不断建立和完善，形成科学的管理体制和运营机制，推动商会的规范化发展。制度的建立健全过程，制度的顺利实施和执行过程，就是商会规范化发展的过程。

商会成立8年来，制定并健全了48项规章制度，使商会管理从粗放式逐步走向精细化。我撰写的《努力探索商会规范化建设》，在《中华工商时报》和《西安日报》等报刊发表；我亲自撰写西安台州商会会歌，编辑出版商会会刊；组织商会成员学习贯彻党和政府的政策，引领商会会员企业抱团创新发展；带领大家为贫困山区受灾群众捐款捐物、捐资助学，组织商会多种联谊活动……一分耕耘，一分收获。2014年，西安市台州商会被浙江省工商联评为"规范化发展商会"；2015年，被《中华工商时报》推选为"全国创新性商会"。

商人是社会中坚力量的重要组成，在稳定社会、安置就业等方面发挥着重要的作用。据我们统计，在西安的台州籍商企人士有6万多人，投资领域涉及第一、第二、第三产业，累计投资1500亿元，年产值过百亿元。2017年是大西安建设"元年"，西安的营商环境真的有了质的变化，去窗口办事服务更便利了，办手续最多跑一次。这些喜人的变化，让台州人在西安的投资比2016年增加了50亿元。

台州人不但敢于创新，也善于合作。台州天台是"和合"文化的原生地，台州人更应该将"和合"文化发扬光大。和气生财，合作做大，兼包并容，才是成功之道。家乡台州养育了我，古城西安成就了我。西安就是我的第二故乡，我的梦想就是融入大西安建设之中。只有将自己的梦想融入新时代的大梦想之中，我们才有辉煌的未来，人生价值才能因此实现。

赵忠梁

把建筑工地标准化带到西安

访谈时间：2018 年 4 月 16 日

访谈地点：西安市碑林区

口述人简介：

赵忠梁，男，1964 年 3 月生，浙江东阳人，国家一级建造师，中天控股集团董事，中天西北管委会主任。1999年进入西安创业，迄今已把"中天建设"打造成陕西建筑业的优质品牌。系陕西省浙江金华商会会长，现任陕西浩星实业有限公司董事长、西安龙洋置业有限公司董事长。

把建设队伍从上海带到西安

我叫赵忠梁，来自浙江东阳。现在是中天投资控股集团董事、陕西省浙江金华商会会长。20世纪80年代中期，我离开东阳到上海创业，一开始在施工项目时负责管工地，负责木工、瓦工所需要的物资。

到80年代末，我成为项目经理。在承担上海江海大厦建设施工时，我摸索出了一套创新项目管理标准化和建筑施工精细化的现场管理细则。这套标准在当年一推行，就成为上海建筑施工现场管理的标杆，在全国建筑行业引起很大反响。当时，流传这样一句话："交警学山东济南，文明施工学上海。"我那个项目是全上海市的学习观摩工程，留下了"全国施工学上海，上海施工学江海"的美誉，我个人也获得"全国优秀项目经理"和"全国重点工程建设优秀项目经理"荣誉称号。

1999年，我们中天集团在西安承建的项目是西安国家开发银行大厦（志诚大厦）。建设单位跑遍全国，选择优秀队伍，最后在上海考察了我的项目之后，把我们选中了。这样，我就来到西安，把整个建设队伍都带了过来，开始了我们在西安的创业历程。

我初来西安时，感觉西安的灰尘特别大，工地管理也没有形成一个规范化的标准，脚手架也好，施工人员也好，都很不规范，甚至有的施工人员还穿着拖鞋，也不戴安全帽，在工地里进进出出。面对这种情况，我按照"创一流工程，铸中天品牌"的总体要求，秉承"干一个项目，立一座丰碑，留一方美誉"的创业理念，把在上海创新的建筑施工标准化规范引入项目管理，在西安的项目中强力推行建筑施工现场管理精细化。

这一套标准很细致，包括施工区和生活区要严格分开，像大门怎么建，里面怎么建，防护棚怎么设，都有严格的规定。我们在施工现场严格分区管理，生产区实行门禁制度，所有施工人员刷卡进入工地，施工标准全部上墙公布，现场安装消尘设备，抑制工地扬尘；办公区实施硬化和绿化，办公室、会议室窗明几净，办公环境整洁美化；生活区功能完善，食堂凭卡就

西港国际

餐；休息区配开水、纸巾，卫生间设施齐全；劳务人员实行工资卡，全体管理人员和劳务人员一律分工种岗位实名制考勤。

穿白裤子、白皮鞋到工地走一圈不会脏

　　我一直认为，人在环境很差的地方是会助长坏行为的，就像抽烟的人抽完烟，会把烟头往地上扔。但是，人到了环境好的地方，就会克制自己的坏行为。比如，在酒店、机场就不会随地吐痰，不会乱扔烟头。我因此受到启发，把工地管得很干净，很认真。我们把垃圾桶放好以后，工人进到工地，至少就不会把烟头往地上扔。我们把所有的东西放得很整齐，有规矩、有规范，他们自然会按照规范来执行了。施工标准化以后，所有东西按照标准放，制度完善了，工人在工地上的行为也就文明了，规范了。

　　进入我们的施工工地，首先看到的是一面镜子，上面写着"请注意安全，亲人等你回家"两行大字，这是在提醒工人们戴好安全帽，要注意安全。我们把工地搞得和工厂一样，工人们进来后，就能感到一种整洁、文明的氛围。这种氛围促使他们产生一定要把什么都弄整齐的意识。我们的标准化工地还体现在上下班，从门卫处经过，工人们都是刷卡，都要统一着装，戴上胸牌。进到项目工地后，所有人员要戴好安全帽，着装整齐；所有脚手架要进行围护，施工质量要统一。我们整个工地不仅一尘不染，而且场地全部绿化，可以看见花花草草，水池里还可以看到金鱼在自由地游动。

　　当时，我还提出一个理念，就是穿着白裤子、白皮鞋，到我们工地走一圈，衣服和鞋子不会脏。有一次，我自己穿着白裤子、白皮鞋去工地，看大门的人不认识我，见到后还惊奇地给别人说："天哪，早上居然有一个人，穿着白裤子、白皮鞋进工地里去了！"

　　现在这样的标准化工地很普遍了，但在当时的西安，我们是第一家。我们工地标准化施工的做法，引起了西安市建委、省建设厅的重视。他们在我这个施工项目上，多次召开省市文明施工现场观摩会，让兄弟建筑单位来参观学习，在西安和全省推广我们的做法。客观地说，我们这种超前做法带来的示范效应，把整个西安的施工质量推向一个新的高度。我本人也因此被评为"西安市优秀项目经理"。我们的管理模式和施工质量，引起了很多市民的关注。

带出来 20 多名优秀项目经理

　　当时，整个西安只有 4 栋超高层，我们项目部就承建了 2 栋。此外，我们还承接了西安的很多标志性项目，包括招商银行大厦、高新国际商务中心、长安银行大厦、高科大厦、群贤庄小区、长安国际等项目，荣获陕西建设工程"长安杯"和西安市"雁塔杯"奖。中天建设也成为西安知名的建筑业优质品牌，还开发了一些房地产项目，比方说中天花园、中天雅苑、中天锦庭、中天诚品等，在老百姓中的口碑都非常好。

近20年来，我亲自带出来20多名可以独当一面的优秀项目经理。目前，中天西北集团有几十名项目经理，每天在西安上百个工地上领军施工。我们中天西北集团的项目，先后获得鲁班奖、国家优质工程银质奖、全国用户满意工程、国家新技术应用示范工程、省级建设新技术示范工程等200多个奖项，被授予国家、省市级文明工地，被行业誉为"中天现象"。中天集团也进入全国企业500强、全国民营企业50强。现在，在全国的每一个省会城市里，都有中天的企业在施工。

毫不犹豫地追加城改项目投资

我本人从2005年转型搞房地产开发，先后实施开发了枫林绿洲C1、C4和A9公馆，以及华豪丽都、华豪丽晶、阎良中天时代广场等项目，同时还在上海、北海、金华等地开发自己的项目。

其中，华豪丽晶项目是黄雁村城中村综合改造项目，也是西安市和碑林区的重点项目。华豪丽晶项目在陕西省人民医院旁边，交通繁华，人流密集，拆迁安置都是比较艰难的。我们承接这个项目以后，跟政府对接，配合得非常默契，在没有一分钱收入的情况下，把该支付的资金、该实施的方案都提前准备好。并且，严格遵守项目的开发建设进度，毫不犹豫地追加投资，提高楼盘的品质。

到目前，华豪丽晶这个项目在城中村综合改造项目当中，属于比较优秀的项目。这个项目从政府签约，交保证金，到村民的搬迁，创造了城改速度比较快的项目纪录。我们克服了项目周边比较繁华，施工比较困难，回迁户数比较多的困难，及时组织，让村民回迁。在后期的物业管理中，引入市政集中供暖，采用健康环保同时又节约资源的地辐射采暖，提供24小时安保服务和电子巡逻系统，确保业主安全无忧生活。因此，整个项目在碑林乃至西

浐灞生态区风景

安口碑都比较好，实现了零投诉。

现在，我们跟黄雁村建立了非常友好的关系。村里的老年人要到我们这里参加活动，需要我们帮助的，我们会及时提供服务。我们小区里面的设施，全部对村民开放。小孩上幼儿园，我们提供优惠；老年人健身锻炼，我们提供方便。现在，我们还响应政府号召，专门开放了小区的厕所，解决周围路人上厕所难的问题。这个项目在整个城中村综合改造项目当中，探索出了"政府主导、市场运作、科学规划、拆安并举、综合改造、利民益民"的新路子，很多人还说我们创造了城中村综合改造项目的"碑林模式"，成为全国其他城市学习和借鉴的典范。

2018年，我们正在浐灞生态区开发建设一个小区，配套建设160米高的万豪旗下的万怡酒店，按五星级标准打造一座西安地标性建筑，并引进国际顶级运营团队进行管理，为大西安建设国家中心城市贡献自己的微薄之力。

大西安的巨变让我们感觉很自豪

从2016年起，我担任陕西省金华商会会长。我们商会集合了一批在陕的企业精英，他们分布在西安的各个行业。全国乃至世界的五金行业里面80%的产品，都来自永康，西安也不例外；西安市使用的小商品很多都来自我们义乌小商品城；西安大、高、难的建筑，都离不开我们这些东阳建筑施工企业里的能工巧匠；西安声威等几个大的水泥厂，都是我们金华企业家创办的；就连摩拜单车，也是东阳一个80后的小姑娘创办的。

据统计，陕西有8万多金华人。我们商会的流动党员，加起来共有300多人。我们探索创新的"联建共管"的异地非公党建模式，以及"党建跟着工程走，组织建在项目上""一个组织建档、多个组织活动""网上党建平台""一个党员一面旗"等基层党建活动方法，受到各级党组织的充分肯定。我们商会的党建工作，在全国属于比较领先的，上级党组织每年都要到我们这里来调研，指导我们的党建工作。每年"七一"建党节，我们都组织党员到红色教育基地学习，重温入党誓词。这两年，我们先后去了淮安周恩来总理故居和新四军军部、照金革命根据地纪念馆。此外，我们还参与了许多公益活动。去年，商会积极响应新城区党工委的号召，几位党员对接资助了4个新入学的贫困大学生。

我在西安近20年的经历，已经使我成为一名西安人，不仅是生活习惯的改变，更是精神气质的融合。现在我们大西安正处在追赶超越的上升期，西安的城市管理，特别是政府办事服务变化很大。我们去政府部门办事，门好进了，事好办了，脸也好看了，路边的厕所也变得干净舒适，城市环境得到很大改善。前天，我去了一次城墙。城墙上一尘不染，管理有序。整个城市的面貌焕然一新。上海的朋友来西安以后，都赞叹不已。

新时代大西安建设的良好局面，吸引了很多浙江的大企业来投资，这让我们这些在西安生活了几十年的浙江人感到非常自豪。我作为浙江金华商会的会长，也是西安市的招商形象大使，肯定要把我们浙江的优秀企业引进来，把他们在浙江的优秀创业精神带过来。浙江商人不仅能为西安的企业创造利润和价值，更能为西安的城市发展做出他们的贡献。

作为一名浙商，我也同时是一名新西商。在我的理解中，无论是浙商精神，还是西商精神，都要紧跟时代步伐，不断发展进步。这就要求我们这些浙商和新西商，在今后的建设实践中，自觉地用新时代浙商精神和西商精神规范自己的行为，创造实实在在的业绩，为大西安建设发展做更大的贡献，把我们的第二故乡建设得更美好。

何崇秋
财富需要精神来继承

访谈时间：2018 年 4 月 19 日

访谈地点：西安市莲湖区

口述人简介：

何崇秋，男，1965 年 9 月出生，浙江温州人，澳门国际公开大学 MBA、西北大学 EMBA、陕西国际商贸学院客座教授。20 世纪 80 年代末来西安创业，擅长品牌策划与推广、渠道建设和市场运作，享有"服饰品牌策划奇才"之美誉。系西安市政协委员、陕西工商联执委、陕西省温州商会常务副会长兼执行秘书长、陕西省服装协会副会长、民革西安市委会委员。现为西安美丽时服饰有限公司董事长、西安好好开车智能科技有限公司董事长。

个人创业成长与学习分不开

我叫何崇秋，来自鱼米之乡浙江温州龙湾区，1965 年 9 月出生。我父亲曾是温州某服装厂负责人，我从小的梦想就是长大后开一家属于自己的服装加工厂。1982 年，我高中毕业。听很多家乡人说，西安是个文化底蕴深厚的地方，再加上从小在南方长大，对西北地区一直很好奇，所以在 20 世纪 80 年代末就来到了西安。

最初到西安，主要是为了解决温饱问题，不承想竟成了一个商人。我们温州市场区分比较细，比如乐清是做电器的，永嘉是做纽扣的，瑞安是做汽配的，龙湾是以服装、皮鞋、阀门、不锈钢等为主营，所以我在西安选择从事服装行业。我的生意最早是从一间小门面和 4 台缝纫机开始的。在开小门面时，我就想拥有一家服装厂。创业中，我发挥了"商行天下，智行天下"的温商精神，发挥"白天当老板，晚上睡地板"的奋斗精神。

我个人的成长跟不断地学习是分不开的。1996 年，比利时安特卫普服装学院在西北纺织学院（现西安工程大学）有一个援助项目。得到这个信息后，我就报名参加了立体设计专业。2004 年到 2006 年，我在澳门国际公开大学学习并拿到了学位。2009 年，我参加了西北大学首届 EMBA。

1997 年，西安美丽时服饰有限公司正式注册成立。在 2000 年前后，我们美丽时公司成为陕西一家大企业的配套公司，主要就是做职业装定制、设计和生产。2015 年，我们成为陕西省服装行业第一家上市挂牌企业。近十几年来，我们公司一直在服装行业中位居前列，我也被陕西省服装行业评为"品牌运营奇才"，被陕西国际商贸学院服装分院聘为客座教授，主讲品牌运营和大学生创业。

骑自行车跑遍西安的东西南北

在企业经营过程中，所遇到的困难和障碍比成功要多得多。比如，刚开始用租来的厂房作为我们的服装生产基地，为了保证员工的待遇和各项福利，我必须发扬温商、浙商的这种吃苦耐劳、不服输的精神去揽活。我骑自行车跑遍了西安的东南西北城区，看到竣工的大楼就进去。那个时候，我是做酒店服、工装，看到只要有单位正在装修或正在盖楼，它肯定就需要服装。我就用自己在西北纺织学院学到的设计知识跟他们谈，当场画设计稿，赢得了客户的认同。

20 世纪 90 年代末，陕西省最大的一家餐饮企业要招标。当时大概需要 1 万套工服，这在我们行业里是比较大的一个项目。我得到这个信息的时候已经晚了，陕西几家服装巨头已经把样衣都打完了。相比之下，我们当时无疑是一家小企业，我就跟他们的总经理谈，我说："你给我个机会，我在两天内做出样衣，如果你满意了，我们就参与；不满意了，我们就撤。"他说："行，我给你两天时间。"

当时，我仅仅用了一天时间，从面料采购到设计打板，到出样，用了 24 小时就把样衣做出来了。样衣送给这个总经理后，他很满意，但是又问："我们有什么理由让你这个后来者把订单拿走？"我当场就给他讲了三条：第一，我有自己的工厂，自己能做主。你们这个量对我们工厂来说是一个很大的量，我们会非常珍惜。第二，我会全力以赴动用我的资源和工厂的资源，以最快的速度，分批分量，满足你的需求。第三，我是初创企业，很渴望能拿到这个订单，你们企业也是从小做大的，我相信你能理解我这个心情。后来，这个总经理被我说服了。在会上，他把我这三点讲出来以后，他们的高管层一致决定把这批货交给我们公司。我就是用我的坚持击败了比我大几十倍、上百倍的工厂，拿到了这个订单。

没地方休息就躺在草坪上眯一会儿

2011 年，我们参加西安世界园艺博览会的服装采购项目。落实好世园会的服装订单任务是当时西安市政府和陕西省政府的头等大事。因为服装是个门面，既要保持得体，又要求性价比高，还要展示出陕西的文化底蕴和汉唐雄风。

　　当时，全国有 21 家企业参与竞争。我们设计用了 1 年时间，参考了周秦汉唐的很多历史典故。我先画了一些设计稿，然后交给我们的设计小组。当时，公司的设计人员不够，就到西北纺织学院请求老师，让研究生连夜工作 1 个星期，最后把 4 个展馆的所有服装设计稿都做出来了。在得到园区的服装招标组认可后，我们以最快的速度参与招标。

　　订单最终拿到了。由于西安世界园艺博览会会方不断招聘新员工，我们

西安世博园

就需要不停地去量体。当时，西安世界园艺博览园还在建设中，没有电，我们晚上就用汽车发电。因为员工在不停地进，有时候中午招聘，晚上就过来量体裁衣。我们中午累了，没地方休息，就躺在草坪上眯一会儿。我们这样做主要是节约时间，因为一般正常的流水线生产需要 30 天，后期新进员工的服装生产时间很紧迫，我们只有这么做，才能保证西安世界园艺博览会隆重庄严地迎接世界各地的来宾。项目结束后，西安世界园艺博览会主办方给我们颁发了"西安世界园艺博览会最佳供应商奖",现在这个奖还在我们公司挂着。

类似这样的案例,在我的企业经营中还有很多。泪水与汗水、烦恼与忧愁时刻陪伴着我。但是,我只要一投入工作,就把所有的烦恼忘得一干二净。2014年,我考虑转型了,因为服装行业毕竟是个传统行业。

成为西安第 100 万个市场主体

后来,我接触了一个汽车智能驾驶的项目,决定投资这个公司。2014年8月,我在杭州注册了杭州好好开车科技有限公司。开发汽车智能驾驶项目为的是减少车辆事故,减少人为财产损失。我们国家每年车祸的死亡率是欧美国家的 200 倍,很多是因为驾驶行为不当引起的。我们的智能驾驶硬件和软件做出来以后,能够让事故率下降 30%。

经过 2016 年和 2017 年将近两年时间的考察和谈判,我们把西安的分公司落到经开区,跟经开区签订了一个合作协议。2017 年 12 月 9 日,西安市召开 100 万户市场主体的庆祝典礼,我们西安好好开车科技智能有限公司有幸成为西安的第 100 万个市场主体。当时,西安市领导出席了活动,并给我颁发了公司的营业执照。作为一个浙商和新西商,我能得到这个荣誉,自然是比较兴奋的。

在注册这个营业执照的过程中,我因为要去外地出差,要注册这个企业,就把身份证以邮件形式传过来。当时,我取的名字是西安好好开车科技有限公司。结果,工商局相关负责人跟我协商说:"建议你们加进两个字——智能,因为你们是做智能驾驶的。"所以,现在我们公司的名字是西安好好开车智能科技有限公司。可见,西安的行政效能革命,给我们企业带来了很大的便利。

现在，我们和西安市交警支队、陕西省交通厅合作这个项目。去年，我们给西安交警部门试装了几十台这个设备，反映效果都很不错。现在，正陆陆续续在省内其他地市安装。我感觉西安的优化营商环境、亲商重企等政策，没有停留在口头上，而是真正得以落实，并起到了一个推动作用，让我们这些私营企业家感到很欣慰，感觉受到了西安市政府的重视和支持。

企业家的春天已经到来了

作为一个温商、一个浙商，如何融入西安的文化，如何融入西安？这十几年来，我基本上每年都要做一到两次的慈善活动。最多的一次，我给咸阳市旬邑县3个学校一次捐了20多万。因为，我觉得人生在世的价值，不在于你拥有多少财富，而在于你能帮助多少人。鸦片战争后的100年，为什么中国贫困，就是我们的教育跟不上导致了落后，所以我尽一点儿微薄之力做慈善是应该的。一位名人曾经说过："如果你的子女很有出息，要钱干什么？如果你的子女没出息，要钱干什么？"所以，我把钱用于公益慈善活动。

通过学习目前大西安发展的一些新政策，我作为一个浙商和新西商，确确实实感受到企业家的春天已经到来了。我们要珍惜这个机遇，在西安抓住机遇，实现大发展。把国家建设中心城市和国际大都市的契机牢牢抓住，发展我们也是发展西安。

在企业的经营过程中，我还得到了各级领导的肯定，成为政协委员，还是我们陕西省温州商会、西安温州商会的常务副会长兼执行秘书长，也得到了老家温州龙湾区领导的认可。2015年，龙湾区的领导到西安来，经过采访座谈，大家一致推举我为西安龙湾商会会长。现在，在西安创业的温州龙湾人，大概有2000多人，他们分别从事灯具、鞋业、服装、阀门、餐饮、不锈钢、酒店、银行等行业，为西安的经济发展积极贡献力量。我们也希望龙湾商会能更深地融入西安各项事业，为西安的经济发展做出更大贡献。

没有精神的财富迟早会为零

就我个人来说，在西安近 30 年的生活、工作中，最大的收获不是我获得多少荣誉，积累多少财富，而是我深深地知道，财富是需要精神来继承的。没有精神的财富，迟早会为零。套一句现在流行的话讲，没有精神的财富就是在耍流氓。

未来企业要发展，就要培养那些有格局，有大爱，有社会责任，真正能站在民族角度为中国崛起而奋斗的企业家。我们把自己发展好了，把企业发展好了，把税纳好了，把员工安置好了，小家富了，大家也就自然而然地富了。比如说，我们的好好开车公司，正在研究无人汽车。无人汽车大家都知道，有十几到二十几个传感器，这些传感器用的是激光雷达、毫米波雷达和 ADAS 系统，精确度能达到毫米。如果我们自己不研发无人汽车，而去用别人的无人汽车，那我们国家的国防和机密，就会泄漏给别人了。未来的战争，其实就是无人飞机和无人汽车的战争。

所以，我们现在的使命，就是做无人汽车，为中国的强大保驾护航。我们在 3 年时间里投进去了 3000 多万。作为一个民营企业，也是很不容易的。但是我们知道，只有不停地投入研发，才会做出新产品。我相信，未来世界上最好的无人汽车，肯定会诞生在中国，肯定是由我们中国人来生产的。

千磨万击还坚劲，任尔东西南北风。我既是温州商人，又是新西商的一员。这些年，在市场中求生存，在生存中求发展，已经走出了一条属于自己的发展之路。面对新时代的新挑战，我还要继续加强学习，抢抓新机遇，把企业发展得更好，为大西安做出新的更大的贡献。

吴彩芬
女人经商甘苦寸心知

访 谈 时 间：2018 年 3 月 15 日

访 谈 地 点：西安市西咸新区泾河新城

口述人简介：

吴彩芬，女，汉族，1969 年 10 月出生，浙江永嘉人。1995 年随邻居来西安创业，在亏损 60 万元的情况下咬牙坚持，终于迎来了人生和事业发展的新天地。近年来，以悲悯的情怀尽力帮助当地贫困家庭，使企业成为当地实现精准扶贫和摆脱贫困的一支重要力量。现为陕西润浙纺织有限公司和陕西百年兴业纺织有限公司董事长。

准备大干一场时发现钱快花光了

我叫吴彩芬，1969年出生于浙江省永嘉县一个木匠家庭，父亲常年在外做木工，兄弟姐妹5人，我排行老大。1987年，我大专毕业后回到永嘉，任瓯渠小学老师。当时，拿的工资虽然只有100多块钱，但日子过得还算稳定。

1995年8月，我的邻居在西安做鞋生意，说西安弹棉花生意好做，叫我跟他合作，只要出资两万块，就可以到西安弹棉花当老板了。

当时，我和老公的积蓄只有3200元，没有那么多本钱，就去问亲戚借了钱，让老公和邻居一起到西安做生意。

我老公租了一个厂房，有十几间简陋的平房，又购置了机器设备，把设备安装好，采购了几百公斤原料，正准备大干一场的时候，才发现带来的钱快花光了。当时正逢春节，亲戚在农历腊月二十六来逼债，要年底必须还清本息。我哪里能找来那么多的钱？就吓得直哭，不吃不睡，哭得脸都肿了，婆婆和小叔子都觉得不应该去做生意。周围所有人都不理解，没有一个人安慰，压得我透不过气来，快要崩溃了，连死的念头都有，但看着幼小的儿子，又不忍心。

腊月二十九，我老公同学来家里玩，问起缘由，我老公就跟他说了实情。他立马就说："不要怕，我有些钱准备还给别人的，他没回来过年，明年再还给他，这些钱先借给你吧。"接着，我公公也从外面借了一点，凑够钱还给亲戚。这个年关，我这辈子都不会忘。当时我心里饱含着从没有过的痛苦，还有对我老公这位同学的感恩之情。

不会用煤生火就饿着肚子睡觉

1996年正月十五过完，我就跟合伙人谈，生意还没开始，各种费用和开支就已经让我们赔钱了。合伙人说："钱都是你出的，这个摊子就给你吧。"

我没办法，钱都是我借的，我只能接管这个烂摊子，再借了一笔钱，从学校办理了停薪留职手续，毅然决然地出门挣钱还账了。

正月十八那天，我和老公搁下儿子，背上行囊正要出门，年幼的儿子就眼泪汪汪地跑过来，抱着我的腿，边哭边拉着我，不让我和老公出门。那种离别的凄惨景象，是无法用语言表达的，现在想起来也是眼泪涟涟。后来，婆婆硬拉着抱走了儿子，我们含着眼泪飞快离开家门，踏上北上的列车。

一路上，我心里忐忑不安，满脑子想的都是儿子，眼眶含满泪水。怕别人看见布满泪花的双眼，就一直凝望着窗外，一阵阵的心酸涌上心头。从南方到北方，离家乡越远，觉得越冷。

到了西安，一出火车，刺骨的寒风扑面而来。等到了北郊马旗寨村，看见厂院子连大门都没有。一进院子，我的眼泪不由自主地掉下来了。这个生活咋过呀？生炉子要煤，有煤堆在一旁，但我不会用煤生火，连做饭也做不起来，就只好饿着肚子睡觉了。

在梦里，我也恨自己为啥要那么逞强，但事情到了这一步，再后悔是没有一点用的，只能咬紧牙关，一路往前冲。

觉得西安人很善良、富有同情心

第二天，我就打起精神去找老乡和我表哥。我们温州人有个特点，见到温州人或浙江人，都当成老乡，都会帮忙，都会招待。大家很抱团，很有人情味，亲戚带亲戚，朋友帮朋友，所以温州的商人布满世界各个角落。

后来，我表哥叫来老乡，把机器调试好，还借给我一些纺织厂的下脚料。我和老公什么都不懂，但在大家的帮助下，就这样开始弹棉花了。日夜都干活，有床也不睡，我俩就轮换着在机器旁边休息，一天只睡 2 到 3 个小时，粗活重活都拼命干，我瘦小的身躯只剩下 80 多斤。

我从小到大没求过别人。眼看厂子的原料快加工完了，就硬着头皮，壮着胆，走到纺织城国棉五厂，找到供应科的负责人，联系下脚料。

供应科的负责人看我可怜，还是个女人，从外地到西安，实在不容易，就给我批了2吨下脚料。当天下午，料就拉回来了。这让我很感动，觉得西安人挺善良，很有同情心，对自己未来的事业，也更加有信心和勇气。

干到那年的年底，我们把借款还清了，还余下一点本钱。然而，谁也想不到，临过春节时，我锁在柜子里的7000元钱，被一个收破烂的老头偷走了。后来，案子破了，但钱却追不回来，真让人欲哭无泪。

经过了这些困难和磨炼，我的意志越来越坚强。只是夜深人静的时候，想到儿子才会偷偷地流泪，似乎眼泪是宣泄情绪最好的办法。

1999年，我们有点积蓄了，就开始购棉花，在纺织厂加工棉纱花，想获取更大的利润。想不到，那年下半年纺织行业从原料到成品价格一落千丈，棉纱花的价格从2万元一吨一下子跌到1万多元一吨。太阳每天都照常升起，但我们每天都在赔钱，以至于当时我连清晨看见太阳都害怕，心想又要赔进去多少钱了。

我的精神压力很大，没有快乐，只有忧愁。从1996年到1999年，我一直没有回浙江老家过春节，让孩子跟他爷爷奶奶过。自己只能在西安，默默地想着孩子，想着家。没钱怎么回家过年？只能在马旗寨粗茶淡饭过年。

2000年初春，噩耗传来，我父亲得了癌症。这真是晴天霹雳！得知消息后，我一下子就晕过去了。

我记得，4月29日坐飞机回去看到我爸后，欲哭无泪，只能默默地陪着他，晚上睡在他老人家的床前，既担心着他的身体，又操心着库房的棉纱还那么多，一直在赔。想着想着，根本睡不着，只是偷偷掉眼泪。

农历四月初一，我的慈父去世。我晕过去好几次，这是我人生最大的悲痛，精神几近崩溃。这种痛，我永远不会忘记！在老家度过苦难的七天，我就回到了西安，开始大量地向外销售棉纱，直到8月才卖完。最后一算账，总共赔了60多万元！

在山西赚到了第一桶金

2000年9月，经朋友介绍，我带上5万元现金，跑到山西运城承包轧花厂，当晚就跟厂长签订了籽棉加工的合同。第二天早上，叫轧花厂职工帮忙收购籽棉。

当时，正是籽棉的低谷，别人都不敢收，都在观望。但我却感觉这是老天给我的一次翻身的好机会，于是抓住时机，大量收购，第一天就把5万元花光了。第二天，我就叫老公和朋友送现金来山西。

后来，我们将收购的籽棉轧成皮棉向外地销售，一吨利润在1000多元。这次有点押宝式的行动，让我不仅把所欠的钱全部还清了，还留了一部分本钱，这是我真正的第一桶金！

2002年，我带着弟弟承包了西安市棉花公司的郭家滩纺纱厂。当时，这个厂里只有3000多锭的生产能力，之后我们又增添了7000多锭，生产能力总共达到1万多锭。那一年，灞桥区领导班子来厂里考察，给予我很大关怀。领导们对我的企业这么关怀，让我有一种自豪感和满足感，也更有决心将企业做大做强。

2006年，棉花公司改制了，郭家滩纺纱厂要开发房地产，我的纺纱厂面临着搬迁。在2006年4月举办的西洽会上，我与泾阳县政府签订招商引资合同，计划征地65亩，总投资2亿元人民币，建设一个床上用品厂。2006年底，我注册成立陕西润浙纺织有限公司。1年后，占地2万多平方米的厂房和配套设施就建成了。陕西润浙纺织有限公司年产值6000多万元，解决了当地许多人的就业问题。等这家公司正常运转后，我老公就去新疆采购纺纱原料棉花去了。

坚持残疾人和贫困户优先

我们的公司从 2007 年下半年开始生产，主要生产经营酒店、幼儿园、医院、部队、学生公寓被服，以及惠民产品赠品、礼品和民政赈灾等床上配套用品，还为当地政府解决了 300 多人的就业问题。

在招收员工的过程中，我始终坚持残疾人和贫困户优先的原则。即使部分贫困户本身不具备从事纺织的专业技能，我也依然坚持录用。因为我是从穷苦人家出来的，我太知道一份家门口的工作和稳定的收入对一个贫苦家庭是多么重要了。

一直到现在，我的厂子也在执行这样的规定：家有小孩子的女工，因为早晨要在家照顾老人、小孩吃喝，还要送孩子去学校上学，所以可以晚半个小时上班。但是，中午饭后别人休息时，她要再加半小时的班，保证完成自己当天的工作量。

由于纺织业是传统的、劳动力密集型的行业，所以我们企业对地方就业的贡献特别大。现在，员工每人平均年薪都在 50000 元以上，一年下来发出去的工资就有 1000 多万元。各级领导来视察时，都称赞我们为政府脱贫攻坚做出了贡献，也带动了当地经济的发展。

经过 20 多年的打拼，我又投资参股注册成立了陕西百年兴业纺织有限公司；还在新疆投资五六千万元，承包了一个轧花厂，占地 100 来亩，有效解决了新疆棉农棉花销售难的问题。

现在，我的企业和国内外 1000 多家采购商建立了长期稳定的合作关系，拥有被芯棉制造自动流水线，还有大型枕芯棉开松填充设备，多针填充设备，多针绗缝、单针绗缝、绣花及高速平缝设备 300 余台。

目前，我拥有两家全资公司，开设了两家天猫旗舰店、一家直营实体店、三家分公司。我们通过专业的精神、诚实的态度赢得了客户的信任。企业已与包括中国石油、中国石化、中国神华等大型央企，锦江国际酒店、凯宾斯基酒店等星级酒店及西安建筑科技大学等国内外 600 余家单位客户建立了稳定的合作关系，就连行知教育集团、北京师范大学幼教集团等 3000 余家教育机构，都选择使用我们百年兴业的被服。

在陕西全力推广环保新技术

我自 2003 年参加西安市温州商会以来，一直担任常务副会长。2013 年 6 月兼任西安市浙江永嘉商会秘书长，2017 年兼任西安市温州商会公益部部长，还在永嘉县担任县政协委员。

2011 年 4 月 24 日，我还牵头组织几名温州企业家与泾阳县政府签订 800 亩征地协议，总投资 20 亿元人民币建设温商电气园区及中小企业孵化基地。

2017 年，浙江绿化环保集团公司通过商会，想在陕西推广新的环保技术，让生活垃圾资源化、减量化、无害化、就地化分类处理。我觉得，治理环境是利国利民的事业，就积极参与其中，并动员泾阳县永乐镇南流村建设垃圾分类处理中心，得到了当地父老乡亲的好评。我计划着，以后在陕西全力以赴地推广这种新技术。毕竟，绿水青山就是金山银山。

在商海里，我也是个特例，放弃了原来稳定的工作，去他乡经商，追求自己的梦想。1996 年来西安时，我本来想着干上几年把账还了，就回老家继续教书。没想到，一下子干了 20 多年。作为一个女人，要在事业和家庭等多方面兼顾，经历磨难，经受挫折，一路能坚持下来，实属不易，尝尽了酸甜苦辣，真是甘苦寸心知哪！

我们温州人经商是白天当老板，晚上睡地板。特别是温州女人，优点很多，有经商头脑，不怕吃苦，果敢坚强；尊老爱幼，孝敬公婆；只是付出，不求回报；上得厅堂，下得厨房；更有忘我为他的精神。

这么多年一路走来，本着"先做人后做事，做诚信人"的处世原则，我深受广大温州商人和各界朋友的信赖和尊重，同时也得到陕西有关领导的关怀和大力支持。

能取得现在这样的成绩，我靠的是国家政策和改革开放给我创造的机遇，这小小的成就来之不易。所以，我懂得珍惜，懂得反馈社会，要多帮助那些需要帮助的人，多做公益事业，多投资利国利民的项目，为社会经济发展尽一份义务。

周乐琴
用微笑迎接风雨的考验

访谈时间：2018 年 3 月 25 日

访谈地点：西安市凤城二路

口述人简介：

  周乐琴，女，汉族，1966 年 6 月出生，浙江乐清人。年幼时因家贫饱受苦难考验，七八岁时帮父亲到蛎灰窑干活。1987 年起先后在陕西、吉林、山东等地经商，1994 年起和丈夫扎根西安谋求发展。现为西安天正机电成套设备有限公司董事长。

七八岁时就帮家里干体力活

我叫周乐琴，1966 年出生在浙江乐清一个贫苦人家。从上小学开始，我就和父母一起打拼，走到今天这一步十分不容易，吃了很多苦，也遭了很多难。能有今天的发展，全靠党的好政策和国家发展的大好环境。

我七八岁时，父亲借来做生意的资金被一起做生意的同伴给偷走了，再加上要还利息，家庭经济非常困难，一切都得重新干起。所以当别人家的孩子还在父母的怀里撒娇时，我就开始帮家里干体力活。当时我父亲做烧蛎灰生意，虽然那时我还那么小，就已经开始作为劳力去烧蛎灰。

小学一年级到三年级，我一直是班里的班长。10 岁前，我是一边帮父母做生意一边读书。后来，父亲做杀猪生意，我每天早晨帮父亲把炼好的油送到温州一些炸油条的老板手里后，才到学校去上学。

8 岁时，有件事给我的印象非常深刻。父亲要买一个人家里养的猪，但钱不够，就回家把我领去，将我押到他家。第二天父亲把猪卖了，才拿钱把我领回家。路太远了，我和父亲下午 3 点多出发，坐不到车，我们父女俩就一路走呀走，我脚痛得走不动了，但硬坚持着一直走，我们走了 5 个小时的路才回到家。再后来，我母亲在村里开了个小饭店，我平时回家要帮助干活记账，每天晚上熬到十一二点，第二天又要早早去上学。

初中二年级时，为帮父母做生意，我就停学了。刚开始，我跟着父亲在外地押运啤酒回老家后，要将整车啤酒送入各个批发商店里销售，等他们销售完啤酒再去各家收钱；将收回的空瓶子运到家，待收集够一车后再运到啤酒厂，换回整车啤酒再进行销售。

我父亲带了我一两年后，就不太管了，把这一大摊子事情都交给我一个人做。我母亲忙着经营小饭店，也没有太多时间帮我，我就一个人风里来雨里去，坚持干着。但我们全家努力了这么多年，还是没有还清债务。

创业第一站到的就是西安

18 岁时，我和堂姐到温州一家针织厂学针织技术，学好后就在老家开了一家针织店，生意也还不错。我母亲还是开着小饭店，那年我父亲去世，家里还有两个弟弟。因为父亲去世，家里大部分的经济压力都压在我身上，我要还清父亲生前欠下的几万元外债。1987 年我结婚后，在丈夫家的村里继续做针织生意。后来我觉得，针织店的收入有限，就和老公出来创业了。

我们第一站就来到了西安。我记得，到西安时虽然是农历十月初，但已经下着大雪。我们开始做皮鞋生意，在解放路钟表店商场、民乐园商场租了柜台经营皮鞋。那时，温州皮鞋刚刚开始流行，来买鞋的客人都不会讲价，只要样子好，穿上好看就买。第二年，我们就把双方的弟弟都接到西安一起做生意。

那个时候，温州的皮鞋才刚刚起步，厂家也不看重质量，鞋子好看不经穿。两年后，各地对温州皮鞋的质量问题意见很大。经过管理和整顿，温州的大部分皮鞋厂开始主动抓质量，现在很多都变为全国名牌甚至是世界名牌。我在皮鞋行业经营了 5 年，学了不少业务知识，也取得了一点小小的成就。

和丈夫决定今后就扎根在西安

1991 年，我们到东北长春经营皮鞋。因为东北的天气变化太快，皮鞋生意不好做，我们又转到山东淄博经营服装，但服装销量老是上不去。第二年春天，我们便回了老家，原本想在老家做点事，不去外地拼搏了，可实际情况并不理想。我当时才 23 岁，想想我们夫妻两个都还那么年轻，就决定再出去走一走，考察一下有什么生意可以做，外面应该还是有机会的。于是，我们就在 1993 年又回到了古城西安。

　　故地重游，我就想找一个长期稳定的事业做。经过了一段时间的考察，选择了机电行业。我选择在机电行业发展，是因为我老家在浙江省乐清市柳市镇，那里的机电行业很发达，所以我对机电行业比较熟悉，至少学起来心里不害怕。另外，当时有个亲戚在西安做电器，可以给我们提供帮助和指导。

　　于是，我和丈夫决定今后就扎根在西安，专门做机电产品销售。我们找了个门面，经营一些机电产品，除一些老品牌外，还有很多新品牌，比如说正泰电器、天正电器、德力西电器等。我们老老实实做生意，特别注重质量和价格，慢慢地就有了回头客，接着，在行业里有了口碑。

　　1995 年，我们取得浙江省天正集团的授权，成立了天正集团陕西销售公司，负责天正电器在陕西全省的批发和零售业务总代理，经营情况一年比一年好。1997 年，我们注册了西安天正机电成套设备有限公司，我丈夫担任法人和总经理，我担任董事长。为了方便工作，我还常常以公司副总的身份，与用户沟通和洽谈。我们主营天正集团的各类电器产品，还开创了西安天正配电柜成套设备的生产与销售。

租不下厂房就投资征地盖厂房

　　刚开始做配电柜生意时，因为做的人比较少，竞争小，所以生意比较好做。我们公司的经营范围包括高低压电器设备的生产、机电安装、电力总承包、机电总承包等业务，产品不仅覆盖陕西全省，还远销新疆、甘肃等省区，甚至远销到了丝绸之路沿线的哈萨克斯坦等国家。目前，公司拥有技术人员、专业工人和销售人员 100 多人，企业的注册资本也从原来的 300 万元变更成 1 个多亿。

　　近年来，国家不断发展，市场的量起来了，可行业的竞争也大了，对手多了，公司的业务也不好做，只有不停地投资和研发，才能跟上时代的步伐。在新形势下，我们一定要追赶潮流，与时俱进。

没有人知道，在表面上看起来还不错的背后，我们经历了多少鲜为人知的创业艰辛，迈过了多少常人难以想象的坎坷。1997 年公司成立时，我们在莲湖区红庙坡村租赁的厂房里组装生产，厂房不大，约 500 平方米。因为业务发展得很快，第二年这个厂房就不够用了。我们就在李下壕村租了 10 亩地作厂房。当时的感觉是这个新厂房非常好，也足够大。没想到，经营到第四年时，这个厂房就显得小了。无奈，我们又到处找适合发展的厂房，可就是找不到。

后来，股东们商量，找不到租赁厂房，干脆大家借款，投资征地盖厂房。这样，我们就在西安市经济技术开发区草滩征地 20 多亩，由股东自筹资金，投资建设厂房。我们 2005 年征用的土地，2006 年就盖好了厂房。

还会在西安不断地生根发芽

1998 年时，我加入西安温州商会，任副会长，经常参加商会活动。温州的领导来西安交流时，经常会到商会慰问。他们很关心、支持在外的企业家，经常与企业家座谈。1999 年，我经推荐加入了民建（中国民主建国会），在民建我参加了企业委员会，也受过表彰。

后来，经西安温州商会党支部推荐，我于 2001 年加入中国共产党。2008 年时，在西安温州商会党总支书记改选中，我当选为党总支书记并兼常务副会长。担任党总支书记，对我来说很有意义。商会每年都要组织党员植树和对大学生进行资助，还会不定期地组织党员献爱心，比如给敬老院老人们买些用品和活动用具，向孤儿院和智障儿童捐助，并多次向灾区献爱心，给贫困乡村送去过年的慰问品和现金等。虽然我们的企业不大，但也做出了自己的社会贡献。西安这片热土孕育了我们，我们还会在这片热土上不断地生根发芽。

2007 年，经民建西安市委和西安温州商会推荐，我当选了未央区政协委员。能当上未央区政协委员，这是我的荣誉，从一个私营小企业主走到了参政议政的舞台，我真的很自豪。通过参加区上的会议和其他活动，我觉得自己的人生价值观发生了变化。每年"两会"时，委员们都能行使神圣的职责，为区域经济的发展递交提案，让我们体现出自身的能力和价值，为党和人民献上自己的一份力量。担任政协委员 5 年，我多次被评为优秀委员。2012 年，我被选为未央区人大代表，后来又被选入人大常委。我作为常委中的一员，每个月都要参加几次会议。作为一名私营企业家，能和区各级领导经常一起开会，商量地方经济社会发展大计，我觉得自己实现了个人价值。西安给予我的荣誉，让我至今想来还激动不已。

一定要坚持住，绝不能倒下去

我们公司是传统行业中的一个小企业，科技含量不高，利润也不会很高，但今后我们还会把机电作为主业，作为根本，绝不放弃。最近这两年，市场竞争激烈。所以，我们要开拓进取，探求新的发展思路，要让公司的新产品顺利进入市场，同时增加老产品的收入。

现在，我已经参股西安米多多生活服务有限公司。这是一家 2015 年 11 月成立的家政公司，有 APP 下单线上和线下服务，培训好员工并负责安置，帮政府解决了就业和扶贫的难题。2016 年 9 月，米多多资金周转困难，老板抱着试试看的心态来找我帮忙。于是，我伸出援手，帮他们渡过了难关。米多多公司经营场所占地 18 亩，用于公司的办公和培训，是陕西省家政行业一家规模较大的企业。目前，米多多已研发 e 米生活平台，计划把农村村民买不到的商品，用网络平台从城里推到农村，再把城里买不到的天然菜品和食品，用网络平台推到城里去，以此来为国家精准扶贫工作贡献力量。

回首 30 多年的经商之路，我作为一个普通的女人，在别人看来很瘦小，甚至很不起眼，但在经历了很多的风雨历练后，我有时却会感慨自己的不平凡。我要感谢我的父亲，是他培养了我遇事坚强奋发的精神，让我这样一个很平凡的女人，用 30 多年的时间走上了经商的道路。

有时候，我也在想，一定要坚持，绝对不能倒下去。现在遇到的风雨，比起小时候吃过的苦，简直不算什么。所以，每天早晨洗漱时，我都要微笑着对自己说：迈过了这些坎儿，一切都会好的！

第三辑

新西商与大西安

李健军

400 人团队助推
科技创新

访谈时间: 2018 年 4 月 9 日

访谈地点: 西安市雁塔区

口述人简介:

　　李健军, 男, 1966 年 5 月 21 日出生, 陕西西安人。1995 年创立上海瑞尔实业有限公司, 先后被授予"上海市非公有制经济人士优秀中国特色社会主义建设者""上海创业领军人才""优秀商会工作者"等诸多荣誉称号。系中华全国工商联执委、上海市政协委员、上海陕西商会会长, 现为上海瑞尔实业有限公司董事长。

因身体要及时休息而下海创业

我叫李健军，父母都是西安人。我 1966 年 5 月出生在黑龙江省哈尔滨市，从 1995 年至今一直在上海经营企业。大学毕业以后，我进入了中信集团工作，当时还叫中国国际信托投资公司。在中信集团，我一开始从事的是技术工作，在技术工作做得比较有成绩之后，我被提拔为车间的技术主任；后来公司筹备销售团队，又把我抽调到了销售部，我也开始了职业生涯中的商旅阶段。在 1995 年，我决定下海，创办自己的企业。

促使我下海创办企业的第一个因素，是因为我当时身体非常不好。在 1994 年时，医院检查出我得了早期的肝硬化。当得知这个消息后，我感到非常震惊。因为我母亲是医生，我知道了肝硬化这个病是会随着时间的推移，不断地发展，直到最后肝脏功能彻底消失，所以拿到检查报告以后，我问医生，我的肝脏还能用多久？医生很遗憾地告诉我，要多爱护身体，保养得好，还能用十五六年。

那时我还是个二十几岁的年轻人，但我的生命却进入了倒计时，只有十五六年就要结束了，这对我来讲，无疑是一个巨大的打击。

出于对生命的珍惜，我希望自己每天能够弹性工作，累了可以随时休息，但毕竟单位实行的是八小时工作制，工作中很难做到累了就休息。所以，能够及时地休息，成了我的一个刚性需求。我当时就思考，只有一条路可走，那就是创业，自己做主，才能累了就休息。这就是我想创业的第一个原因。

我想创业的另一个因素，是从小就受到父母的影响。我父亲是 1949 年以后，第一批公派留苏学习轻金属材料的研究学者。他在苏联科学院乌拉尔分院学成回国后，被派到哈尔滨一个工厂，组建那里的实验室。他和他的同事，为我们国家的有色金属材料在航空、航天领域的应用，做出了很大的贡献。所以，我为我的父亲感到非常的自豪，也非常仰慕我的父亲。父亲经常跟我讲，希望我努力地学习，长大后能青出于蓝而胜于蓝。

但是，这个肝硬化的诊断书无疑告诉我，我已经没有机会了……我还那么年轻，才刚开始职业生涯不久，就要面临十五六年后离开人世的局面。在那种情况下，对我来讲，非常煎熬、遗憾、痛苦，还有强烈的不甘心充斥着我的内心！

正是这种不甘心，促使我下定决心，要在未来有限的时间里，做出一些对社会有价值的事情。我希望当我的生命结束时，还能留下一个可持续发展的企业，仍然能被人记住。这也是我当时想要创业的原因之一。

第一个产品就填补了国内市场空白

1995 年 2 月，在一没资金、二没资源、三没企业管理经验的情况下，拖着病重的身体，我创办了上海瑞尔实业有限公司。创业之初，我凭着在涂装专业及电镀行业积累的专业知识，以及身为材料学家的父亲在材料学方面给予的专业支持，企业主要从事的是汽车咨询业务，以及借助其他企业的设备为传统汽车加工制造零部件和外饰件。

在创业的第 6 年，我的肝脏就已经很差很差了。虽然那时候肝脏移植技术还不是特别完善，但我还是决定赌一把。幸运的是，经过这次重大的手术，我恢复了健康，现在，我是一个非常健康的人了！

创业之后，一路走来，充满艰辛。我们企业走了一条技术自主创新的道路，一直致力于金属新材料及高分子材料的研发及应用。在瑞尔 15 年的发展历史中，我们经历了 3 次填补中国空白的技术创新，这 3 次都成功地实现了产业化，也成功地实现了市场化。

我们的第一个产品就是通过自主研发，填补中国市场空白的一款铝合金光亮饰盖。经过 2 年零 8 个月的科研技术攻关，终于成功研制出满足客户要求的铝合金光亮饰盖。1999 年瑞尔销售业绩增长 1000%！

2005 年，我们研制成功了行业冠军产品——精密制造产品 ABS（防抱死系统）和 ESC（电子调速器）阀体，目前市场占有率第一。此项目于 2005 年获国家科技部创新基金支持，2006 年被评为上海市火炬计划项目，拥有两项发明专利。

2010 年，我们的研发电子稳定控制系统本体及自动变速器控制本体，极大地降低了控制器的操作难度和成本，提高了电池的能量和寿命，并实现了当年销售额 72% 的增长。

在过去 15 年里，我们的工业复合增长率达到了 53.6%，相当于企业保持了两年翻一番的高速增长。这主要得益于我们不断地进行技术创新，不断地填补中国市场空白，并且不断地实现产业化和市场化。

虽无数次失败但研究工作没停过

千万不要以为瑞尔的成功是轻易取得的，我们的每一个产品都是经历过无数次失败换来的。

瑞尔公司最具代表性的产品是汽车 ABS 刹车防抱死阀体，这个产品我们经过了 7 年的艰苦研发，经历了无数次的失败，最终在 2006 年实现了产业化突破，并且实现了市场化。当时，中国没有这种特殊的铝合金材料。这种新材料是由我们公司自主研发，然后提供材料的解决方案，委托国内加工厂定制的。新材料的研发，我们花了 4 年的时间。新材料研发成功以后，在制造技术方面的研发，又花了 3 年时间。所以这个项目的研发，总共经历了 7 年的时间。

在这 7 年里，虽然有过无数次的失败，但我们的研究工作始终没有停下来，一直坚持到最后才成功。现在，我们的竞争对手都是世界知名企业，像博世，像天合，像爱信等。在这个产品领域，我们是细分市场的行业冠军，ABS阀体的年产量是 500 万套。这个产品的成功研发，是我父亲带领我们的技术团队，克服了不计其数的困难，经历了无数次的失败，才最终取得的成果。在研发过程中，我的父亲和我的弟弟李健强，为了能够得出准确的实验数据，跟踪实验，经常要熬通宵。很多这样的辛苦付出，都深深地刻在了我的记忆里。

还有我们瑞尔的叶轮技术团队。涡轮增压器的叶轮，在汽车零部件行业是技术等级非常高的产品之一。涡轮增压器叶轮的研发，也历时3年。团队的研发人员经历了1000多天夜以继日的艰苦努力，甚至到了大年三十，只因正处在研发的关键时期，他们也没有回家过春节，继续坚守在实验岗位上，为整个团队在技术上取得突破，付出了艰辛的汗水。

在汽车涡轮增压器叶轮研发成功之后，我们的研发团队没有停步，又继续向航空发动机整体叶盘的领域发展。目前瑞尔已经掌握了航空发动机整体叶盘的制造技术，同时我们还引进了一个非常先进的高端智能水射流技术。我们希望与西安的航空工业能有一个很好的合作，利用水射流技术制造航空发动机整体叶盘，可极大地提高效率，大幅度降低成本。

只有拥有核心技术才能做大做强

作为一个技术创新型的企业，瑞尔在发展历程中持续的创新能力，也为我们积累了良好的科研信用。也就是说，我们搞技术研发，不仅能够取得产业化

西北工业大学航天学院研究室

的成功，还能够取得市场化的成功，这成了企业的一种可持续发展能力。这种能力带来了一个巨大的好处，就是我们的行业美誉度和社会美誉度传播开来以后，不断地有国内甚至国际顶尖的人才、技术团队联系我们，希望加盟瑞尔研究院。这使得瑞尔研究院能够吸引到世界顶尖的人才、顶尖的团队，与我们并肩作战，共同发展。

只有拥有核心技术，才能做大做强！现在，瑞尔研究院已拥有 400 多人的技术团队，拥有各项专利总计 147 项，集聚了一批非常优秀的、顶尖的专家学者和项目团队。其中，既有国家的两院院士，还有获得过美国国家科学基金会奖的学者。我们还建立了企业博士后工作站。

创新是引领发展的第一动力。我们先后与中科院、上海科学院、西北工业大学、上海交通大学、同济大学、西北大学等多所科研院校合作，建立了"产、学、研、融"战略合作机制，联合成立研究所、实验室、成果孵化中心等，为企业的创新与发展提供了源源不断的技术支持。瑞尔已在上海、镇江、青岛等地分别设有生产基地，总占地面积近 1000 亩；年产装饰件 5000 万件、精加产品 2800 万件、汽车悬架 1 万套，为大众汽车、奔驰汽车、宝马汽车等全球 48 家汽车品牌配套，基本覆盖了全球主流汽车品牌市场。

目前，瑞尔是高新技术企业、上海市民营制造业百强企业。上海市张江管委会决定，把瑞尔研究院纳入张江国家自主示范区的创新体系，由张江和我们共同来打造这个研究院——上海张江瑞尔先进制造业技术研究院——这是我们研究院的新名称。这样，我们就能够在更高、更好的平台上继续创新。

这个研究院未来的发展潜力特别巨大，它将以市场化的机制运营——这是研究院非常有活力的地方。这个研究院将聚焦和承载国家战略，面向全球，引进顶级人才，开展工程化和产业化的工作，进行市场化的运营。作为从西安走出的千万西商大军中的一员，我们将"不断求索、不断进取、永不服输、永不放弃"的西商精神带到了上海。虽然我们的主场不在西安，但我们非常关注家乡的发展，同时也在评估和考虑，是否有可能在家乡设立张江瑞尔西部研究院。

在上海联系的企业家有近千人

在中国经济中心的上海，有一批非常活跃的陕西籍企业。为了把这些陕西籍的企业团结在一起，由陕西省驻沪办牵头，由陕西籍企业家发起，成立了上海陕西商会。商会聚集了一批陕西籍的企业家、金融家、法律专家、教育专家和科技工作者。

为了让企业能够有更充分的交流，我们成立了几个专业委员会，比如金融委员会、文化与服务委员会、餐饮食品委员会等。这些委员会很好地促进了行业交流，促进了商会企业与地方招商引资工作的对接。我们还有一个科技委员会，里面聚集了一批非常优秀的科技精英，有的学者参与了国家重大政策的制定工作，有的在高校是杰出的教育家，有的在科研单位工作，有的是科技型企业的领军人物，等等。

目前，在上海与我们联系的企业家有近千人，都是具有陕西情结的，要么是陕西人，要么在陕西生活过，要么在陕西上过学。商会为他们创造交流的机会，帮助大家发现商机，捕捉商机。我们还多次组团回家乡，先后在西安、宝鸡、汉中、安康、延安、渭南等地考察，帮助、促进陕西籍的企业回乡发展。

在上海，我们也多次接待陕西各地市的招商团队，希望帮助来自家乡的团队，对接更多的企业，把好的企业和资金吸引到家乡，帮助家乡发展。我相信，上海陕西商会和上海的陕西企业家，一定能够在陕西的大发展中起到应有的作用。

西安应面向全世界吸引企业和人才

上海和西安，是风格完全不同的两座城市。上海是海派文化，西安拥有悠久的历史。上海的海派文化致力于吸引全世界的企业都去上海做生意。上海的国际交流很多，也非常密集、广泛，这也为上海的发展起到了积极的推动作用。

飞豹飞机

　　西安虽地处内陆地区，但是我们也看到了西安的发展，主要发展空港和高速公路交通，西安的"米"字形高速公路交通网络，是国内最好的、最发达的高速公路交通格局。

　　这两年，西安各方面都在发展，都在不断超越。我们非常欣喜地看到，陕西省和西安市近年来的招商力度比以前大了许多。我们在上海明显感觉到，从家乡来的招商团队越来越多了，越来越密集了，也越来越务实了。作为在外的西安人，我深为家乡的变化而高兴！

　　西安有自己的优势，是中国航空工业基础最好、最发达的城市，比其他任何一个城市航空工业的基础都好。中国的航空工业，在未来将会成为大有发展的工业领域之一，所以，西安市要充分地利用好这个发展机会。

　　我觉着，西安应当像上海那样敞开胸怀，面向全世界去吸引来自全球的企业和人才。

　　陕西作为一个省，能有两个主机制造厂，一个西飞（西安飞机工业集团有限责任公司），一个陕飞（中航工业陕西飞机工业集团有限公司），这是全国绝无仅有的。所以，我建议陕西省和西安市把航空工业发展为重要产业。我们瑞尔也非常关注西安市的航空工业发展，因为我们孵化的技术和产品，也有面向航空方面的。我们也非常希望在家乡航空工业的大发展中，尽自己的一份力量。

站在大唐长安的角度来看世界

我父母亲都曾经在西安航空发动机公司工作过，父亲是研究金属材料的，母亲是医生。我对航空工业很有感情，也非常希望在西安乃至陕西的航空工业的发展中能够做一些实事，希望能够参与到西安乃至陕西航空工业的大发展中来。

在改革开放 40 年间，沿海地区发展得快一些，所以营商环境发展得更好一些。现在是深化改革的新时代，西安市乃至整个陕西省，要花更大的气力营造营商环境，政府要多多服务企业，爱护企业。一定要在行动中落实招商政策，切实优化营商环境，不要让"投资不过山海关"的事件在陕西这里发生。

西安市政府倡导的亲商、爱商、"店小二"精神，我们企业家是非常赞赏的。亲商、爱商和"店小二"精神，最具体的表现是在工作细节中多帮助企业，多给企业出主意，对企业的困难和需求多给予及时回应、及时解决。不要把亲商、爱商、"店小二"精神停留在宣传和口号上，要让它们变成实实在在的行动，希望"店小二"精神和亲商、爱商精神能体现在每一个政府工作人员的工作细节中。

在历史上，西安曾经是最辉煌的城市，全球人都知道大唐长安，所以我们西安人应当站得高看得远，应当站在大唐长安的角度来看世界，吸引全世界的商人和人才来西安发展。

西安市现在有多项国家级项目和战略叠加，这是非常难得的机遇期，比如说"一带一路"倡议、军民融合战略等。这些机遇叠加，会为西安市乃至陕西省提供绝佳的发展机会。只要我们推开窗户，外面的空气和阳光就会进来！

宋玉庆
没有比脚更长的路

访 谈 时 间：2018 年 3 月 28 日

访 谈 地 点：西安市国际港务区

口述人简介：

　　宋玉庆，男，1962 年 4 月生，江苏南通人。中国社会科学院研究生，高级经济师。大学毕业后分配到中石油长庆油田工作，1993 年开始经商，创办中登集团。任陕西省第十届政协常委、第十一届政协委员、陕西省总商会副会长、陕西省江苏商会会长。现为陕西中登投资集团董事长兼总裁。

中登是中国人登记注册的公司

我叫宋玉庆，大学毕业后分配在中石油长庆油田工作。受邓小平南方谈话精神的影响，我在 1993 年开始下海经商。长庆油田是我国第三大油气田，当时我作为长庆下属企业的总经理，管着 4000 多名员工。下海前，我在国企的待遇还是比较优越的。

1991 年和 1992 年，我去了两次深圳，被深圳改革开放的氛围，特别是年轻人的精神面貌所感染。我是比较有家国情怀的，认为自己不应该在企业里吃大锅饭，应该下海做时代的弄潮儿。

国家实施市场经济及对外开放的政策是大势所趋，我意识到创业必将是不久后社会的一种潮流。于是就决定凭着自己的一股闯劲，到市场经济的大浪里闯荡一番。哪怕成不了事，也要通过自己的一些努力，为后来人提供经验。

于是，在 1993 年我带着全部资金 20 万元，毅然辞去了长庆物探实业公司总经理的职位，开始下海经商了。第一站是我去了上海，正好赶上浦东大开发。1993 年 9 月 2 日，是我儿子宋宽 5 周岁的生日。我和妻子商量要做一件有意义的事情，来祝贺儿子的生日，于是在工商局注册了第一张营业执照。后来，我将这个日子定为公司的生日。

为何给公司起名为中登？我当时的想法很简单，这个公司是中国人登记注册的，所以叫中登。随着企业的不断发展壮大，我完成了"中登"商标的注册。"中"就是中国、中庸；"登"就是攀登，要不懈攀登，永不停歇。

创业初期曾 3 个月赚了 100 万元

在上海创业初期，一个"3 个月赚 100 万元"的幸运故事曾经发生在我的身上。这事情，现在说起来比较简单，有一天我下了班回到家中，看中央电视台的《新闻联播》节目。无意中，听到一条消息，说国家规定在 1994 年 7 月 1 日前国产汽车必须安装安全带。我意识到这里面蕴藏着巨大的商机，一晚上都没有睡着，一直在想着怎么抓住这个商机。

第二天早晨一上班，我就召开紧急会议，把这个消息给大家说了，大家都觉得这是个商机。在讨论中，我们形成共识：自己办厂制造的话，速度太慢了，技术也怕一时达不到，干脆借船下海、借鸡生蛋。下午，我就从上海到了浙江的企业车间里，联系落实做安全带配件的事情。随后，又找了一家江苏企业做安全带的帆布带。这两家企业把各自承担的部分做好以后，由上海的中登进行组装。

当时，我还给安全带"创立"了"品牌"，叫铁马牌。我们的产品生产出来，刚好赶上全国审验汽车的好时机，还幸运地被宁夏回族自治区有关部门推荐给国产汽车使用，后来整个宁夏的汽车都换成了我们的铁马牌安全带。这件事给刚刚创业的我以很大的信心。

通过这件事情，我意识到创业的成功需要这么几个重要因素：一是要注重信息收集，二是要注重与外界协作，三是要做成品牌。就这样，我在上海奋斗了 5 年，手中的财富从最初的 20 万元，积累到了 3000 万元。

朋友们都问我为什么要来西安

1998 年春天，我带着 3000 万元来到了西安，至今在这座古老而文明的城市已经待了 20 年。刚来的时候，我在小寨十字附近租了房子办公。当时，西安没什么高楼大厦，感觉是一个很古老的城市。

很多朋友都问我为什么要来西安，其实是因为我们公司当时在上海的实力不行。相比西安，上海推进改革开放的政策比较早，外资融入得多，我们在上海竞争不过一些大的财团和外资企业，正好当时中央已经部署实施西部大开发战略了，我在上海就强烈地感觉到：西安，乃至中国西部一定会迎来一个机会。既是为了响应中央西部大开发的号召，也是为了企业自身生存发展的需要，我们就从上海来到了西安。西安有厚重的文化，竞争压力不大，大学比上海的多，年轻人多，人才优势比较大，这一点，对创业者来说是求之不得的。宽松的创业环境可以把高层次的创业者留下，再加上西安的物价比上海低，所以创业成本也比较低。就这样，中登集团将企业发展重心向西部转移，成为改革开放后第一批由沿海地区投资西部开发的企业。

一款产品创造了 2000 多万元的效益

在西安这些年，我们主要在经开区、浐灞生态区、西咸新区等地开展业务。一开始，我做的是老本行——油田服务业，为中国石油"西气东输"的项目做配套服务，赚到了第一桶金。现在，这个项目推出了 100 多个产品，有些甚至是专利，主要是为中石油服务的。这也是我们创办的第一个实体企业。其中，我们研发的中登牌天然气助剂这一款产品，就为企业创造了 2000 多万元的效益。

事情的大致经过是这样的：中石油在陕北发现了天然气，但天然气并不能直接使用，需要经过很多流程处理。天然气刚从地下开采出来是有毒的，很容易腐蚀金属管道，需要进行处理，会用到助剂。当时，油田方面使用的是从美国进口的助剂，一吨 5 万多元。我们知道后，组织专家团队对陕北天然气进行研究，很快就发现了天然气助剂项目的可行性，于是投入 300 万元研究经费，生产出了一款专利产品，也就是中登牌天然气助剂。这个产品已经使用了 15 年，性能十分稳定，成为国内同类产品的标杆。该产品的企业标准也被确定提升为部级标准。最主要的一点是，我们用国产替代了进口，助剂每吨的价格也由原来的 5 万多元降到 2 万多元。

现在，我们旗下的中登石化以采油、采气、钻井，压裂用助剂的开发、生产、销售以及油气田化学工程技术服务为主，同时涉及油井维修、砼外加剂及防冻剂的开发、生产、销售等。化工产品年生产能力为 13000 吨，年产值上亿元，产品分三大类近 70 种，均已通过质检部门认证。气液两相油气井缓蚀剂、酸化缓蚀剂、除垢剂等几十种油气田化学剂成为西安本土企业为"西气东输"项目配套生产的专用产品。

诚信是企业的大商道

2000 年，中登开始进入房地产领域。从 2001 年在未央湖建造的美制别墅开始，中登地产以开发高档写字楼和大型高档住宅小区为目标，目前已在西安经济技术开发区开发了多个高档地产项目。其中，中登大厦投资 2.8 亿元，建筑面积 7 万多平方米，位于未央大道黄金位置。2003 年，以 9800 万元的价格拍下凤城五路与凤城六路间 71 亩土地的使用权，开发了总建筑面积 23 万平方米的中登家园项目。2009 年，开发了中登·文景时代、中登·城市花园等高档住宅项目，同时进行尤家庄村和全家村两个城中村改造项目。现在，中登集团已经拥有员工 3000 多人，下辖中登实业、中登投资、中登地产、中阳科技、大家影视等 10 余家控股企业，年纳税额超过 6000 万元。

"没有比脚更长的路，没有比人更高的山。"我特别欣赏汪国真的这句诗。中登 25 年来的发展之路，就是这句诗的最好诠释。作为改革开放政策的受益者之一，民营企业中登集团坚决拥护党的领导，企业的日常经营活动及重大投资决策都要符合党的方针政策。

我以为，企业要爱国、爱民，不生产假冒伪劣的产品，不做坑蒙拐骗的事情。紧跟党走，是企业经营的方向。企业日常的运行仍要以法律、法规为准绳，这就是企业经营的"边"。作为一个经济实体，企业最基本的是要依法纳税，把纳税作为承担社会责任的一种最基本的方式。诚信经营是企业的基石，也是企业经营的出口。诚信二字本身所包含的内涵非常丰富。纵览古今中外，大商人、大企业家无不将诚信作为企业与个人的重要品格。作为一个企业，诚信是大商道，我们中登人必须将"诚信"作为做事做人的信条。

目前在陕西省的江苏企业家大约有 40 万人，大家从事着不同行业。苏商的事业心强，比较崇尚实业，不喜欢做虚无缥缈的事情；苏商的文化水平高，都有一定的家国情怀。2005 年 9 月，陕西省江苏商会成立，目前有 1600 多位企业家会员。江苏企业家之间比较团结，普遍低调，做事踏实认真。

把西安建成一个后来居上的城市

从 2017 年开始，西安的投资环境一天比一天好转，我们外地企业家对此是看在眼里，记在心里。特别是"三大革命"，代表了政府的态度和做事风格的转变。凡事都要从小处做起，西安的营商环境也因此得到了很大的改善。西安营商环境的改善，吸引了新城控股、中南建设、中南股份、苏宁等很多江苏企业来西安投资。下一步，南京金陵饭店也将进入西安，我们还正在积极对接南京银行落地西安的事宜。

就西安的经济管理，我有几条建议：第一是建议加快办理各种类型房子的房产证。西安的房产证办理落后于其他城市，产权不清晰，市民融资创业的力度不够。在上海、江苏等地买房子，一星期就把房产证拿到手了。西安很多房子只有使用价值，没有价值，进不到市场中。加快房产证办理，可增加市民融资手段，保证市场的金融活力。第二是建议调整西安的城改政策，对城改项目进行分类管理。不同类型的项目，应采取不同的方式，提升城市形象，推动城市发展。第三是建议政府招商引资时，选择优秀、节能的企业，排除那些污染大、耗能大的企业。建议政府把政策落实到位，各项政策口径、行动要一致，各部门共同执行和维护；提高商会在经济发展中的作用，让招商落到实处。壮大西安市的民营经济，增加这座城市的经济活力。第四，我建议把西商大会的范围再扩大一些，把全球文艺界、科技界等各个领域的，与西安有关的优秀人才都吸纳进来，进一步拓展思路，让一年一度的西商大会成为西安发展促进大会。

　　作为在大西安的江苏商人，我们对西安的发展充满信心，西安的投资环境也的确越来越好。尤其 2018 年 2 月，西安被确定为第九个国家中心城市，这是一个千载难逢的发展机遇。江苏的城市与城市之间是均衡发展，西安在陕西乃至西北是一枝独秀，西安周围城市的吸引力相对来说比较小。把西安建成一个国家级的中心城市，引领关中城市群的集体发展，对国家的长治久安也是很有利的。西安政府既要借鉴沿海城市改革开放的经验，又要避免其在发展过程中遇到的问题，把西安建成一个后来居上的城市。我们江苏企业家非常愿意为大西安贡献自己的力量。我相信，用不了 10 年，西安的城市面貌一定还会有更大的、我们现在还说不出来的新变化。

张海雄

去掉大家看甘肃的
有色眼镜

访谈时间：2018 年 3 月 30 日

访谈地点：西安市碑林区书院门

口述人简介：

　　张海雄，男，汉族，1979 年 7 月出生，甘肃庆阳人。1997 年考入西安交通大学。毕业后，先在多家企事业单位工作，后下海经商，足迹涉及户外广告、规划设计、工程建设等多个领域。现为陕西正美规划建设有限公司董事长、陕西省甘肃商会会长、陕西省书法家协会会员、甘肃庆阳市政协委员。

决定还是留在西安吧

1979 年 7 月 5 日,我出生在甘肃省庆阳市西峰区一户普通人家。1997 年考入西安交通大学,就读于能源与动力工程学院。这个学院,是由原来的能源系和动力系合并而成的一个新学院。2001 年毕业后,我在学校校办企业干了 1 年,(那个校办企业)也就是现在的交大产业集团能源公司,那会儿叫产业处。2002 年到 2003 年,在陕西省政府信息中心干了 1 年。

2003 年到 2004 年,是我人生中一个大的转折点。因为这段时间里,我有机会重新选择工作。一个是我自己谋划的,到北京一家企业去。可惜,我现在把这家企业的名字都给忘了。当时,这家企业到西安高新区招人,我就去了,面试、笔试都过了,还把合同都签了。另外一个工作机会,是家里人给找的——去学校教书。从交大刚毕业那会儿,我在老家那一片地方还是比较显眼的。我们老家有一个庆阳师范专科学校,现在改名成了陇东学院,当时是一所大专院校,现在升成本科院校了。不仅家里人希望我能回到家乡,就连当地的劳动部门、教育局及学校都希望我能回去教书育人。当时,家里趋向让我回老家,我自己则趋向到北京去,因为已经跟人家把合同签了。那个时候,不像现在有了发达的高速公路,从西安回一趟庆阳要十几个小时呢。

这选择让人很是纠结,我就想起班上的同学和教过我的老师。我们班 30 多个同学,最后大部分到南方去了,当时只有 3 个人留在西安。到了现在,只剩下我一个了。我清晰地记着,那天晚上我和另外两个留在西安的同学商量时的情景:在交大商业街巷子口的一个小饭馆,我点了椒盐蘑菇、花生米、酸辣土豆丝,还有一个青菜炒蘑菇。那时大家经济都很紧张,工资才几百元钱,拿上奖金才 1000 多元钱,喝的是啤酒。外面下着毛毛雨,我们坐在露天吃饭,边吃边聊,很是伤感,最后说着说着,我们 3 个人就哭起来了。

当天晚上,我回去想了半天,决定还是算了,就留在西安吧。毕竟,自己已经来西安这个地方求学了,各方面也都熟了,而且我毕业后在学校上过班,对那一片都很熟,对学校的感情也很深,还有那么好的老师,对我很照顾。我上学时是班长，还在学生会任职，参加了各种学生社团。在学校直至毕业到单位上班，交大的老师对我一直很关照。我的辅导员觉得，我冬天的衣服太单薄，就给了我一件衣服——他孙子的毛衣。那件毛衣，我现在还放着呢，很大、很厚的一件毛衣。今年过年，我又翻出来，媳妇说这衣服放这么长时间，都 20 年了。我对她说，给我留着吧。

那个时候，人还是很感性的。我躺了一晚上，就决定算了，不去了，也就违反了和北京那家企业的约定；老家那儿我从心里也不想回去，尽管家里人让回去，最后还是留在西安了。做出留在西安的决定后，我就想自己该干什么，因为领到手的工资低，咱是个农家子弟，上个学出来后，还想给家里贴补贴补。我一想现在这样不行，这不是个长久办法，得想办法，得出来干点儿事来。

看上了街道的广告牌

于是，我就到外面一家私人公司应聘了。这个公司，在报纸中缝打了个招聘的广告。我在办公室翻报，从中缝里看到这家公司招副总经理。我不敢给单位领导说，就自己跑出来，到和平路一个大楼上去应聘。我说我来应聘你们副总，那个老板头发梳理得很好，也没长胡子。但我记得，他把下巴这么一抹，对我说："那个副总你先别干，我看你上学上得可以，先到我这里干个办公室主任吧。"其实，他那会儿也是刚起步，手下有七八个人。我就跑他那儿去，干了那个办公室主任，实际上就负责两件事，主要是给他起草那些文字稿，完善合同、协议上的文字，另外，就是跑政府部门，去办理相关手续之类的。这样干了三四年，最后想想也不是个事，还是自己干吧。

我自己干的时候，身上只有几千元钱，就申请办了个营业执照。到底做什么事呢？因为我原来在信息中心待过，就看上当时街道上的广告牌。也是各种机缘巧合，我就干起了西安市过街人行天桥上面的户外广告。那时，全市大概有 20 多座人行天桥。文艺路和南二环口的那个天桥，是当时全西安最长的人行天桥。此外，有咸宁路、东二环、动物园门口、北二环、长乐路、长青路、华清路等人行天桥。到了后来，还有机场路的、三环的、绕城的、城区的、沿二环及二环以内的楼顶大牌、单立柱、街面灯箱。

　　户外广告竞争激烈，管理无序，广告设置也没有一个规范标准，但进入这一行的好处是成本低、利润大、风险小。由于户外广告资源是不可再生的，张三占了，李四就占不了，所以客户对户外广告需求迫切，如果他不占，别人占了，对他的事业就会有影响。前些年，房地产、汽车和银行等企业都是广告大户。同行业的不同企业间常常在户外广告上竞争激烈。

交大南洋公学校门

从做公司变成现在的做平台

户外广告的利润非常高。在临潼高速公路的出入口附近有一个广告牌，是我花 1 万元租来的。没想到，卖给一家在那儿经营的房地产公司，第一年就挣了 60 多万元。当时，我们企业是西安户外广告排名的十强，也是陕西省户外媒体的十强。一直到 2009 年的那四五年之间，简直就是遇上了黄金期。2009 年，西安市搞城市形象提升，推行城市精细化管理，户外广告行业受到了影响。一个城市的发展与进步，提升城市形象是十分必要的。我们的企业也进行了转型。

后来，我在国际港务区投资了个钢构工厂，占地 30 来亩，规模不大。接着，又成立了陕西正美城市规划设计研究院，还搞过一段时间的电子商务，投了不少钱。现在企业主要做大型工程的设计施工总承包，也参与大型工程的项目投资。这些，对我个人来说，属于二次调整、二次创业。这些年一路走来，一个人在举目无亲的城市里创业，曾经历过居无定所、食不果腹的日子，真是一把辛酸泪。

现在我快 40 岁了。人在衡量自己的价值时，钱重要不重要？我觉得可能重要。因为这个东西是物质基础，没有物质基础谈啥都是虚无缥缈的。但有时，说不重要也不重要。虽然我有房子有车，娃娃能上得起学，能交得起物业费，就是再过上个 10 来年，我即便啥也不干，也能保持目前这个生活标准。可是，我觉得人还要有精神追求，比如在社会上有一些好朋友，家里的事都安排妥当，自己有一个兴趣爱好，还有就是做一些对社会有意义的事情。人的一生，算是来地球上旅行一次吧。既然来旅行一次，就应该留下一些痕迹。

现在，我正在把自己的单打独斗，变成和其他合伙人的融合发展。背靠大树好乘凉，大家共同来做这个事，相互间取长补短，这也就是把以前的做公司变成现在的做平台。在创业的路上，我觉着想凭借个人英雄主义做成事情，现在已经非常困难了，甚至几乎没有这种可能性。我们创业那会儿，信息比较闭塞，各种门槛都比较低，现在不存在信息闭塞的问题了，而是大家合作起来融合发展。我们现在也在和一些央企、国企，包括一些上市企业紧密地合作，合作范围就在陕西和甘肃两省，合作方向以房产建设、市政、景观、环境工程总包为主，当然也涉及其他一些相关领域。

陕甘两省"距离"正急剧缩短

陕甘两省山水相连，人文相通，经济相容，产业互益，资源互补，发展互惠。西部大开发、关天经济区、丝绸之路经济带、陕甘宁革命老区振兴规划、六盘山区域扶贫攻坚规划、关中平原城市群建设等国家级政策的实施，使得陕甘两省的深化交流、战略合作日益密切。

兰州至西安高铁开通、兰渝铁路运行、西安至银川高铁的修建，加上已经形成并且正在快速拓展实施的公路和航空便利条件，使陕甘两省的"距离"正在急剧缩短。1998年，长庆油田公司总部从甘肃迁至陕西。长庆南迁20年来，对西安市的建设与发展做出了重大而深远的贡献，同时，也客观上大力推动了甘肃与陕西的产业融合和人文交汇，出现了西安城北的"甘肃现象"。

据统计，甘肃人在陕西发展的已达42万人。庆阳、平凉、天水三市，虽然行政区划在甘肃，但在经济上一直是紧跟陕西的。陕西省甘肃商会从2008年开始酝酿，2009年正式挂牌成立。我被大家推举为第二届陕西省甘肃商会会长。相比其他兄弟商会，我们商会的理论化、体系化工作做得比较全面，荣获党建工作先进商会奖。我们推出了商会工作十大平台：一是聚拢力量，二是维护权益，三是融资服务，四是项目合作，五是两省交流，六是回乡发展，七是公益慈善，八是文商互动，九是规范运行，十是展示风采。

这几年，商会就干了这么一件事：我们一直在努力去掉大家看甘肃的"有色眼镜"！至今，还有人认为甘肃是寸草不生、只长土豆、一望无垠的荒漠。我们是吃着老家的饭、喝着老家的水长大的，都是在老家受的启蒙教育。我们的故乡在甘肃，出来不能忘根。

甘肃45万平方公里的土地上，分布着冰山雪川、森林草原、大漠戈壁、绿洲湿地、湖泊河流、高山峡谷、黄土高坡、七彩的丹霞、神秘的雅丹和玄奥的卡斯特地貌。在这一片土地上，富集了黄河文化、丝路文化、敦煌文化、道家文化、佛教文化和始祖文化。

由此，可以说甘肃是地域广袤的、色彩斑斓的、底蕴厚重的。"一方水土养育一方人"，甘肃人质朴厚道，重情厚义，坚忍不拔，刚毅硬朗，智识练达，衣冠庄正，谦默自守，不求显扬，稳重自持，从容自信，坚定自励，乐观自强。

陕西省甘肃商会秉持陇原儿女精神，不忘初心，牢记使命，扎扎实实推进完成了商会工作的"三步走"计划：第一步是进行以"修德进业，崇道尚义；夯实基础，树好形象"为核心内容的商会平台搭建；第二步是提升以"彰显价值，得到关注；颇受赞誉，受人尊重"为核心内容的商会影响；第三步是进行以"沟通陕甘，面向全国；联络各方，惠及各界"为核心内容的商会管道建设。第一步聚焦于商会的治理能力，第二步着力于商会的社会影响，第三步突出商会的政商关系，这三步工作使商会完成了低头干活、麇集资源、抱朴守拙、整合团队的战略使命。

当下，我们积极探索，众志成城，全速冲刺下一个目标：以"凝心聚力，项目导向；和衷共济，取势谋事"为核心内容的商会发力攻坚阶段。在陕陇商以更具远见的大局观，凝沙成石，聚石成林，积跬步至千里，积小流成江海。陇商队伍之中，或投契良朋，或益师挚友，或兄弟之情，或姊妹之谊。互相点赞，共同出彩；共同努力，互相成就。

我们要打造一支正气昂扬、奋发向上的三秦陇商队伍，正向引领，抱团入局，讲好陇原故事，树好陇人形象，干好陇商事业。两脚踏秦陇大地，一心谋商道文章，为大西安的经济发展做出贡献。

陕西是家乡，甘肃是故乡

我们热爱陕西。陕西是我们的家乡，甘肃是我们的故乡，把家乡建设好当然也不能忘了故乡，不忘故乡的同时也要把家乡爱护好。在新时代背景下，我们在陕陇商要以新理念、新风貌促动新发展，用新作为、新格局取得新成效，拿新举措、新抓手实现新目标，我们要添彩陕西，争光甘肃，为大西安的发展添砖加瓦。

在商会的牵线搭桥下，陕西旅游集团、陕西文化投资集团、曲江文化投资集团等，纷纷去甘肃搞"飞地经济"，争取新的更大的发展空间。现在，大西安建设如火如荼地开展着，陇东地区要主动融入大西安建设的热潮中，主动做大西安的后花园。尤其庆阳、天水、平凉三市，更是要积极主动地融入大西安。

丝绸之路经济带建设也为两省之间的合作发展创造了有力的战略条件。西安是丝绸之路起点，甘肃是战略支点，甘肃陇右、河西地区的文化、矿产、农业资源和陕西的人才、科研、技术等优势会形成良性互补。商会一手托着政府，一手托着企业，是为两省交流做贡献的平台。

陕西省甘肃商会，愿意为两省之间的合作发展做出更多的贡献。通过一系列工作和活动的实施与推进，商会影响大幅提升，平台日益巩固，与陕甘两省政府和社会各方面建立了广泛而深入的工作关系，甘南藏族自治州、张掖市、白银市、庆阳市西峰区、酒泉市金塔县先后在商会设立驻陕经济联络处，我还受聘成为兰州市、天水市政府顾问。

平心而论，我用生命感谢陕西，感谢西安。是陕西和西安的包容，给了我一席之地，让我在这里娶妻生子，安家立业。目前，大西安推行的全国最优户籍政策，在我看来，就是一种包容，也是一种自信。

贺琳
6 万三门峡人迁户西安

访谈时间: 2018 年 4 月 12 日

访谈地点: 西安市曲江新区

口述人简介:

    贺琳, 男, 汉族, 1974 年 4 月出生, 河南陕州人。
1995 年从郑州大学法律系毕业以后, 被分配到河南三门峡
陕县 (今陕州区) 环保局工作, 2000 年辞掉工作, 开始创业。
先后创建了三门峡环发制冷装饰工程公司、河南环发工程公
司、陕西环发新能源技术公司。任西安市工商联常委、西安
市招商大使、西安市三门峡商会会长。现为陕西环发新能源
技术公司董事长。

家族和西安的渊源非常深厚

我叫贺琳，祖籍河南三门峡陕州。说起来，我们家族和西安的渊源是非常深厚的。因为从我的祖辈来讲，1947年的时候，我的二老爷（排行老二的太爷爷）就来到西安，所以后来到爷爷这辈的时候，我们家族5个爷爷，有4个就生活在西安。

1995年大学毕业后，我被分配到河南三门峡陕县（今陕州区）环保局工作。当时，环保不太被重视，所以我在环保局工作了几年，到1999年的时候，就决心离开环保局，下海去创业。

下海后，我一直在寻找创业的起点。无意之中，在北京参加一次会议时，认识了中国建筑科学院的几位专家。在一起聊的时候，获知了一个重要信息：1997年，在美国商务部和中国商务部的一次交流活动中，美方带来几项技术，其中有一项叫地源热泵技术。从1998年开始，在国内选了3个地方进行试点，试验比较成功。

专家朋友建议我做这方面工作。地源热泵技术就是利用地下的，包括浅层的、中层的、中深层的、深层的地热资源，通过取热系统和换热系统进行换热，来改善供暖或供冷系统的状况，实现一种环保、节能的供热和供冷方式。实际上，我们现在已经发展到了"多能互补"的新能源综合利用系统，也就是说，这个系统会综合利用地热能、地表水、城市污水、生物质能、太阳能，并且结合一些蓄热和蓄冰的技术、存储热和冷的技术，形成一个综合利用的复合型体系。地源热泵是一个最基础的东西。

因为我做过环保工作，有一些环保情结，所以在这方面就关注得多一些，对节能新能源的理解就更加深刻。当时，我就敏锐地感觉到，这项技术在生产、生活等各个领域具有广泛的利用前景。

2000年5月8日，我成立了三门峡环发制冷装饰工程有限公司，开始了创业生涯。我们选择了地源热泵技术，主要是做区域性的供热、供冷，包括技术、工程、设计、运营等体系。通常，很多地方是用煤、油、气等传统能源供热、制冷，致使自然资源逐渐短缺，水污染、空气污染逐年加剧，雾霾频繁出现等，严重危害人的健康，所以从国内到国际，现在都非常重视环保能源。

创业初期只有3个人

创业初期，异常艰难，白手起家，只有3个人，起步资金只有几千元。什么事都得亲自干，办公室的墙都是我自己捋起袖子带着员工粉刷的。苦点累点都不怕，缺资金最难办，项目单位来考察，电脑都是临时借来撑门面的。每天要起早贪黑，跑项目，跑资金，有时一天开车往返郑州、三门峡两个来回。好在这个伴随着汗水和泪水的漫长过程，我们坚持过来了，公司开始正常运行。

2001年，公司中标三门峡农业发展银行中央空调工程，这应该是河南、山西及整个西北地区第一个地源热泵示范项目，做得比较成功。同时，这也是我们公司成立后与有上百年历史的世界空调之父创建的公司——美国开利公司合作，利用地源热泵技术开展的第一项工程，也是西北地区首家利用地源热泵技术做的空调项目工程。因为有合作单位的支持和技术保障，所以工程进展非常顺利，得到了甲方和监理单位的认可。

2002年，我们的业务做到了洛阳，2003年涉足山西南部的运城、临汾地区，到2004年就做到了陕西汉中、西安。2004年，在西安成立了陕西环发新能源公司。就这样，我们把接手的每一项工程都当成上天的恩赐，像工匠一样精雕细琢。我常激励自己，努力和付出就一定会有回报，周到和细心同样也是一种能力。我们的用心，必须先感动自己，才能感动客户。

我们这个专业，是从建筑节能的角度出发，就行业责任这一块，对社会责任更加侧重一些。我们现在所用的技术，全部是新能源、清洁能源和可再生能源，不用传统的煤、油、气，尽量减少对环境的污染，并在国家能源替代过程中，像煤改电、煤改清洁能源、煤改可再生能源等能源政策实施，做出了我们的贡献。

这么多年来，创业各方面都在创新。例如在技术层面，发动团队不停地创新，努力总结工作中的经验、教训，同时组织了大量的技术人员外出学习，包括国内的、国际的、行业的、专业的学习。每一年，我们企业都组织技术人员，去参加中欧地源热泵技术交流、中日地源热泵技术交流、中美地源热泵技术交流等活动，与国际先进团队交流，或者发布我们的成果，互相学习、借鉴。这么多年来，我们多次赴欧洲、日本、美国现场考察学习。2007 年，我们被评为全国地源热泵委员会的副主任委员单位，也是西北五省唯一的一家副主任委员单位，获得了行业认可。

推出合伙人事业部制的改革

随着不断发展，企业已经成立将近 18 年了。老员工非常多，大家的忠诚度非常高。在我们企业，超过 15 年的员工大概占到 30%，超过 10 年的员工大概占到 60%。

我们也觉得，企业做到一定程度，如果在管理上不去做一些改革的话，可能也不利于企业的发展，不利于员工有一种很好的归属感，特别是对不起这些老员工对企业的忠诚。所以，这些年我们进行了很多管理方面的改革。

2016 年，我们经过多方的学习、探索、思考，包括协商，最终确定了合伙人事业部制的体制改革。也就是说，在企业内部第一批成立了 6 个合伙人事业部，实行独立核算、自主经营、自负盈亏，相当于把这些员工变成了公司的股东。让员工变股东，让他们对公司有一个长期的期许和投入，也就使员工与公司成为一个命运共同体。

合伙人事业部的负责人在每个事业部里面占有 30% 的股份，我个人只占36%，其他人分别以不同的比例拥有剩余的股份。这样，从企业的管理机制上，通过股权的分配，实现了大家与公司的深度关联。大家不再是一个给企业打工的人员，而是变成了企业的主人。在对员工的管理和培养上，我们有一句话：把打工仔培养成骨干，把外人变成主人，把员工变成股东。我们就是用这么一种用人、培养人的机制，来对待企业的员工。

实践证明，这项体制的创新是完全正确的，2017年我们的业务总量得到了大幅提升。

西安、三门峡两地联系非常密切

从西安往东，三门峡是河南省离西安最近的一个地级市。三门峡古称陕州。据说，周公与召公共治时，就是以陕州为界，陕州以西称为陕西。也就是说，陕西的地名来源于陕州，跟陕州是有关系的。三门峡的函谷关，自古就是古长安的最后屏障。古往今来，很多战争都是在函谷关完结。特别是在抗日战争时，日本人一直没有能打到过函谷关。所以说三门峡这个地方，也可以作为陕西或古长安东边的一个重要的门户，在历史上对西安的安定发展具有一定的保障作用。

由于西安的历史、文化，包括教育资源、医疗资源比较丰富，三门峡人自古以来就有往西安这边走动的习惯。据我们的初步统计，在西安工作的三门峡籍的各界人士将近20万人。从2012年开始，一批在西安的三门峡人，开始去联络一些老乡，联络一些在西安的有志之士，想把在西安的三门峡精英人士都团结起来，并做了大量的工作，到2013年正式成立了西安市三门峡商会。它是河南18个地级市在西安成立的最早一家商会，因此备受瞩目。现在，西安市三门峡商会会员企业有300家左右，会员人数差不多有1000人，涉及的行业比较广，包括房地产、建筑、科技、互联网、能源及文化、教育等各个行业。

西安和三门峡两个地区的联系非常密切，有千丝万缕的关系。商会成立以后，我们也做了大量的工作，一直在促进政府间的深度交流合作。我们举办了多次活动、论坛，以及相互之间的走访活动，不管从招商引资、招才引智方面，还是从两地的互动交流等各方面都做了大量的工作。商会积极对接两地市委政研室、市政府发改委，对推进三门峡融入大西安和关中城市群的发展、搭上大西安发展的高速列车发挥了积极作用。经过我们的不懈努力，西安—三门峡两地的市级战略框架合作基本意向已经达成，并且三门峡市政府决定在西安市设立办事处，和三门峡商会秘书处合并办公，共同利用各自的资源优势开展工作。

在西安经商这么多年，我感觉西安的商业历史底蕴非常深厚，西安也是一座包容性很强的城市，对不管来自于什么地方的人都能包容。前些年，比起成都等城市，西安发展的速度可能慢了一些；从2016年底开始，新一届市委、市政府提出发展大西安的战略以后，我们深切感受到西安发生的巨大变化。

特别是最近，我们很多老乡到西安的公安局派出所办落户手续，都说从来没有见过服务这么好的办事人员，从来没有见过这么有耐心的办事人员，从来没有见过效率这么高的办事人员。甚至后来发展到办户口的人都不用去派出所，只要在网上递交资料，就可以完成办理。2018年3月，我和三门峡市公安局的一位领导交流时，他告诉我一个数据，从西安户口新政实施到现在，从三门峡市迁往西安的人口已经超过了6万。这个数据，是我没有想到的。

应邀参加西安市委中心组学习

我作为西安市三门峡商会会长，觉得西安市对民营企业、对非公有制经济的重视，不仅仅是口头上的，而且是落到行动中的，特别是对2017年中央25号文件的落实，绝对是真抓实干。举个例子，2017年，我参加了两次西安市委中心组学习。在我的印象里，参加市委中心组学习的应该都是市委常委，最多是以常委扩大会议的形式。但是，西安市委中心组学习，专门在曲江会议中心安排了一个大的会场，专门邀请像我这样的商会会长，包括民营工商业者、私营企业主来列席会议。我还参加了几次西安市委、市政府组织的企业家圆桌会议，领导通过圆桌会议的形式，切实地听取我们这些民营企业家，包括非公有制经济人士对政府的建议、要求，并探讨一些解决的方法。

此外就是我刚刚经历的，由西安市委组织部统一安排，我们81个民营企业家到上海复旦大学进行1周的深度学习。我到复旦大学以后，明显感觉到这个学习不是走形式的，而是经过精心策划准备的，并且安排的课程、请的教授都是为我们量身选择的。学习期间，还组织我们到杭州的正泰集团、上海的通用汽车现场参观学习，组织我们去中共一大会址，包括到嘉兴南湖去参观，党员还重温了入党誓词。这让我感受到党和政府的重视、培养，有一种被呵护的感觉。

我常常想，人生的价值体现在什么地方？是着眼于自己的企业发展，使自己走向成功，还是安排一些就业，为国家经济发展做贡献？人不仅仅是为自己而活，为家庭而活，更应该为社会而活。"穷则独善其身，达则兼济天下。"成为一个被更多人需要的人，那就是一个成功的人、一个幸福的人。如果只看到利润，那最多只是个商人；而作为一个企业家，就是要把企业的发展融入国家战略，把自己的情感升华到爱祖国、爱人民上来。

西安正处于历史发展的关键时期，实现追赶超越，我们作为新生代西商肩负着更多的责任和期许。虽然西安在奋力地追赶超越，但是整体的底子比较薄弱，可提升的空间也是非常大的。所以，希望西安坚持现在出台的这些好政策，并能再持续地、适时地跟进一些配套的政策。此外，西安要吸引人才，首先是要留住人才，其次是要引进更多的人才，这样才能吸引更多的技术和更多的企业投资。振兴大西安不仅仅是一部分人的事情，而应该是所有西安人的事情。所以，希望大家能共同努力，发挥自己的所长，真正地为西安的振兴做出自己该做的贡献。我认为，当前包括今后的五到十年，应该是西安一个历史性的大机遇。历史上，这种机遇也是少有的，整个西部振兴的大任就要落到西安的肩上来了。我们应该算是历史的幸运儿，正好赶上这么一个大的历史机遇。所以，我希望企业和商会，今后能尽自己所能，多做出一些努力，去为大西安的发展振兴做出应有的贡献。

许文书
西商还应该更拼一些

访谈时间: 2018 年 4 月 25 日

访谈地点: 西安市灞桥区

口述人简介:

　　许文书, 1978 年出生, 福建晋江人。自 2003 年经商以来, 历任泉州邦丽达科技实业有限公司经理、晋江市嘉祺塑胶鞋业有限公司董事长等职。系西安市厦门商会会长, 现为陕西华夏置业有限公司董事长。

闽商天生有着强大的拼搏意识

我叫许文书，1978 年出生于福建晋江，父母都是生意人。2003 年，我从菲律宾读书回来，回到家乡晋江安海镇，跟朋友合办了一个塑胶制鞋厂。从 2005 年开始，这个厂启动生产，到目前为止还一直在生产着。

也许是闽商天生有着强大的拼搏意识和更为大胆的扩张方式，不甘于局限一地的发展，全国性的扩张就成为一种选择。于是，我在 2012 年来到了西安。

为什么来西安呢？因为 2011 年西安市泉州商会成立，我哥是商会的创始人之一。因为这层关系，我当时是奔着泉州商会来的，想在西安跟大伙一起做点事情。来到西安之后，我考察了商会推荐的两个项目，后来因为中间出现了一点波折，所以这两个项目都没有落地。

这时候，一件意外的事情促使我最终在西安待了下来。当时的泉州商会会长借给一个老乡一笔钱，这个老乡拿着钱去接手了一个建设项目。后来，由于资金链断了，这个项目就停工了。因为这个项目地处半坡十字，所以造成的影响很不好。

这个老乡没有钱还给会长，就想通过债券变股权的方式来偿还。当时，会长就极力向我推荐这个项目，而我来到西安刚好也没有其他什么事情做，就跟商会的几个常务副会长把这个项目给接下来了。

看中未来的潜力果断接手项目

当时，地产界的业内人士都不看好纺织城这块地，认为这里一直以来是西安的工业重地，分布着各种大型企业，整个区域的商业、商务氛围远远落后于西安其他区域。他们觉得这里的商圈还未成熟，项目还有一些历史遗留问题。

不过我看中了这里的未来潜力，就果断接手该项目。项目所在地的基层政

地铁通到纺织城

府给予我们很多支持。接手后，我们就迅速地组织复工，把项目改名为华夏世纪广场。用了 1 年的时间，项目就封顶了。在这个过程当中，我们没有任何的贷款，都是用股东的资金来做。

接手这个项目之前，我也没有接触过地产行业，这也是我第一次涉足商业地产。当时我看中这是一个商业综合体项目，恰恰纺织城又缺少这个东西，所以，在几个老乡的介绍之下，我就把这个项目接了。项目建设过程很顺利。现在我们前面的这个广场也已经修建完成。

2013 年 9 月，西安地铁一号线贯通。华夏世纪广场成为地铁商圈的黄金地段，再加上西安市委、市政府出台关于纺织城区域的改造规划，一系列项目开工建设，整个区域的人气氛围日渐成熟。我们提出要把项目打造成国际一流住宅，做健康生活领跑者；打造城市黄金坐标，做投资升值指向标。

华夏世纪广场这个项目地处整个纺织城的黄金地段，商场的定位是家庭式体验中心商场。这里规划有超市，有影院，有量贩式 KTV，也有黄金店、珠宝店、手机店、服饰与鞋、餐饮店等，能满足大家的衣食住行等需要，能极大地改善纺织城的居住环境。

把爱放在公司员工身上

西安市厦门商会是 2013 年 12 月 16 日成立的，商会成立时我被聘为名誉会长。商会有 200 多家会员企业，涉及房地产、工程建设、商贸、网络、水产、建材等很多行业。2016 年，老会长由于生意上的一些原因，回厦门发展了，商会的理事长、监事长等人都极力地推荐我来接手西安市厦门商会。

我很犹豫，刚开始也没有同意，后来经几个老乡的劝说，我才在 2016 年 11 月接手了厦门商会，把商会的办公地点从高新区搬到华夏世纪广场。这样做，可以减少商会的一些费用支出。

在接手商会之前，我没有做过商会工作，所以是边管边学，学着去管理一个商会、领导一个商会。因为有商会老领导的帮助，我接手这个商会的过程还是很顺利的。商会这一块儿呢，我以"平台共建，资源共享，抱团取暖，合作共荣"为宗旨，搭建好商会平台，资源共享，让更多的人从商会平台得到资金、信息、法律方面的帮助。虽然远离家乡，在外拼搏创业，但通过商会，随时都能得到闽籍乡情的人文关怀。商会就是要做有益于社会、有益于大家的事情。我们经常会组织一些活动，例如，组织一些会员企业跟其他商会交流；组织商会的会员企业外出考察，看看有什么商机。我们每个月还会走访一些会员企业，去了解这些会员企业有没有什么困难，不管是生意上的还是行政方面的，看他们有什么困难需要商会出面帮忙协调解决。

我 2012 年来到西安，就把家搬到了西安。只有家在身后，我才能安心工作。基本上，我每天都送孩子上学，周末尽最大可能腾出时间陪家人，陪孩子。到现在，我已经在西安待了 6 年。除了担任厦门商会会长外，我还是陕西省闽商商会、西安市福建泉港商会、西安市福建安溪商会等多家闽籍商会的名誉会长。经营企业要爱公司、爱员工，把爱放在公司员工身上，让他们在上班时感受到来自家的温暖，才能激发出员工的积极性。

全国人都知道，"爱拼才会赢"是我们闽商的一种精神。爱拼搏相对机会就多一点，而且闽商头脑比较灵活，懂得去钻研，会在各种行业、各种领域寻找赚钱的机会。

未来西安还会发展得更好

可能因为西安曾经是帝都的关系吧，很多本地人不愿意出去，去外地创业的相对不多。一些陕西人相对来说过得比较安逸，有工作做、有房子住，生活上无忧，他觉得这样就可以了。相比较而言，闽商是不羁于现状的，也就是说，闽商具有开拓性。只要有人的地方就有闽商，闽商都有一种不服输的精神，都想自己创业、自己当老板，也很能吃苦。在这一点上，我个人认为，西商还应该更拼一些。

2018 年，西安被列为第九个国家中心城市。应该说，西安的未来还会更好的。西安是西北五省的金融中心，也是通向东亚、欧盟的必经之地。加之，中国人要走到"一带一路"沿线国家，"一带一路"沿线国家的人要从陆路到中国来，一般需要经过西安。西安是"一带一路"重要节点城市，所以说未来的西安还会发展得更好。

井胜宏

台湾来西安的人
日益增多

访谈时间：2018 年 5 月 9 日

访谈地点：西安市雁塔区

口述人简介：

　　井胜宏，男，1958 年出生在台湾，祖籍陕西旬邑。2005 年从台湾来西安，一步一个脚印地去努力创业，不畏惧困难，不妄自菲薄，不好高骛远，也不心急慌张，凭坚持不懈的精神，慢慢地取得好成绩。现为台湾秦商发展协会会长，台湾中华陶冶整合营销股份有限公司总经理。

在陕西置产业要传家给孩子

我是井胜宏，1958 年生，陕西人，老家在咸阳旬邑。我的父亲是家里面的老大，为了抗日参加远征军，跟着乡党们辗转来到了台湾。我的二大（叔父）、三大（叔父）、爷爷、奶奶都留在家里。

一直到海峡两岸开放探亲后，父亲兴冲冲地奔回老家，重新踏上熟悉的土地，却再也见不着我的爷爷和奶奶了，见到的是他的弟弟、妹妹和侄辈群，幸慰一切吉祥。

当年，像父亲这一代的陕西愣娃，为打败日本侵略军，颠沛流离抗日作战。过往的光阴故事和事实真相一再警示我们，日本烧杀掳掠、摧毁家园这一段历史事实，我们不能忘记。我们要牢记历史。

这些年，我问自己，为什么会如此频繁来陕西呢？究其因，是受了我父亲的影响，父亲当年带着许多叔叔、伯伯来到台湾；而今，我带着台湾的老人和同辈回乡寻根。

台湾的年轻人对同乡会都不太热衷，都不太爱参与，我算是同辈孩子里面年岁比较长的。这 10 余年来，我常带着老人们从台湾回家乡看看，从最初七八十个人到五六十个人，直到现在三四十个人，回乡老人的人数一直在慢慢减少，截至目前，就只剩下我这辈人了。

我曾跟着原国民党主席连战、台北市陕西同乡会会长王广生，以及台湾大华科技大学董事长陈西京等陕西籍台湾人士，多次回家乡交流拜访。迄今，我还经常独自带着媳妇和孩子回老家看看。与此同时，我为了传家给孩子，在老家陕西置了产业，想让孩子留下安心创业。终究陕西是自己的根，要让孩子永远不要忘了根，永远不要忘了"我是谁"；让孩子记住，我们是炎黄子孙，是中国人。

陕西团的演出让老兵落泪不止

刚开始，我跟着台湾陕西同乡会等团队，一起协助陕西省政府赴台进行经贸文化交流，还带领台湾客商回陕西从事陕台经贸招商活动。这样忙了几年后，又转向协助做一些陕西与台湾的文化交流活动。尤其是 2009 年协助陕西在台湾地区举办了"陕西周"活动。那一次活动非常成功。

当时，将近 180 名演员参加了文化演出，我负责文化演出的全部地接。我们各自分队分工，走入乡间，踏进城市，从台北一直演到台中，再从台中一直到高雄，除了把陕西傲人的秧歌、腰鼓及唐代乐舞等表演展示出来以外，民俗艺术、非物质文化遗产等特色文化，也在台湾受到广泛关注。我们还在一些文创园区做民间工艺产品呈现，效果都特别好。至今，还会有民众在茶余饭后，津津乐道"陕西周"的情况。

在中华民族的发展历程中，传统节日以其丰富的思想文化内涵，深深融入人们的生活，滋养着民族的心灵。有一个节日里，我们在桃园荣家为老兵们演出了一场。本以为只是一个短期的相会，万万想不到的是，陕西愣娃一场"美妙的弦在拨，欢笑的歌在唱"的感性演出，让台下的一群老兵泪流沾襟，相拥拍肩。那一声声唢呐勾起一群老兵梦回秦关的乡愁，让他们重拾自小熟悉的家乡岁月，但如今只能独自黯然留下惆怅和回忆。

我还能清晰地回忆起，陕西民间艺术团不拘于舞台，嬉游于观众群里，生动多元化的演出展现了阳刚之力与美，具有爆发力，气势豪迈，令人惊叹。

年过百岁的夏老伯看了演出后，说自己是老兵，无情的战火让他背井离乡。但是，他说："家乡还没有把我们忘掉！谢谢你们为我们带来从未看过的精彩节目。"听完他的话，我语塞了，久久说不出话来。

夏老伯眼中似泛着晶莹的泪光，抿紧两片因脱皮而变得粗糙的嘴唇，仿佛还有很多话要说。一个远离故乡的人，像是丧失了希望，他再也嗅不到故乡熟悉的气味，再也看不到故乡秀丽的风景，再也找不到昔日回家的小径，剩下的

番王

皮影番王

只是渐渐流失的记忆，还有渐渐逝去的生命。一个远离故乡的老兵，到了年过百岁，仍然惦念着故乡，他内心承受了多少折磨？难怪在陕西团上车临去前，五六十名老兵伫立在大车前不停挥手，依依不舍地喊着"下次还要再来"这样令人鼻酸落泪的话语。

来西安的机票很难订到了

每一年，台湾地区都要举办 12 个重大节庆，元宵节灯会就是其中之一。台湾灯会受到全世界的瞩目，各大媒体争相报道。台湾各地用尽洪荒之力，争取主办灯会，都希望能突破过往传统，举办一场惊艳四座的元宵节灯会。

陕西每年都要从各地遴选一些专业的演出人员，组团到台湾参加灯会的演出。这样的做法，非常接地气，尤其是陕西的腰鼓，主舞台一开场，咚咚锵锵一阵子的表演，就让几万民众迅速集中注意力，目不斜视，掌声不断，马上烘热了整个场子。

但是，只做这些东西还远远不够。为什么说不够呢？因为演出团队去台湾只有短短几天，而且只能在指定的地方，与当地的队伍共同演出。八天七夜当中，除掉交通必需时间，活动时间是比较有限的。再加上，每年的演出就那么一两次，虽然已经取得了好的效果，但还是不能满足民众的殷殷期盼。所以我建议，陕西多派文化团体到台湾进行交流。

这些年，经过我们不断努力，更多的台湾同胞认识了陕西和西安。最难得的是，我们把一些台湾人头脑中的"秦始皇陵兵马俑在山西"或"法门寺在西藏"等错误认识给校正过来了。这足以说明，陕西的"经贸搭台、文化演唱"交流活动，经过历年努力成绩斐然，让台湾民众对我们陕西和西安，慢慢有了全新的认识。

可以说，我很明显地感觉到，台湾人对陕西的了解和认识正在不断加深。从哪里可以感觉出来呢？从每日来往台湾和陕西的飞机机票就能看出来。过去，我们来西安很容易就订上座位；最近这些年，就很难了。有时候，你稍晚一点去订票，肯定就买不上座位。若要是还想买上座位，就必须花大价钱。所以，从航班的次数和订机票难上，就可以知道台湾来西安旅游的人、办事的人，或行走丝绸之路沿线的人正日益增多。

同样，陕西到台湾去旅游的、做交流的也多了。你来我往，两岸一家亲。这对双方来说，的的确确都是好事。

让台湾年轻人回陕西多交朋友

黄帝是中华民族的先祖，黄帝祭祀具有悠久的历史，并成为历代帝王、民众的传统祭祀仪式。如今，一年一度的清明公祭轩辕黄帝已经成为体现全球华人凝聚力的隆重活动。每一年，我都要跟黄帝陵祭陵办，还有陕西电视台和台湾的电视公司，一起来促进推动一年一度的轩辕黄帝祭祖大典。

我曾经给咱们陕西省建议，把年纪大的、有知名度的台湾人请过来参加祭祖，还要让他的亲朋好友知道，要想办法传承。如果他的孩子不愿意跟着他来，光他自己来，那他来了几年以后，可能因为身体原因，就会来不了了。所以，还得多多邀请年轻一辈的台湾人回陕西。

其实，重要的还是传承。台湾很多年纪轻的人，之所以不了解祖国大陆，追根究底是我们没有给他们机会，总把他们当作不懂事的小孩子。我的意思就是，希望陕西能够重视青少年交流互动，也给台湾的青少年一些机会，请他们走进陕西，认识陕西，留在陕西，住在陕西，跟陕西人交朋友。你重视他了，他就会回去喊他父母亲来，只要孩子喊一声，父母亲很自然就跟着来了。因而，我们有必要把自己的观念稍微翻转一下，在做法上改变一下，或许"以小带老"效果会好一些。

台湾师范大学长期和陕西师范大学合作，很努力去组织两岸大学生到陕西一些偏远地区做志愿者。我们从大学生脸上的表情就可以感受到，两岸的年轻人不是相互排斥，而是互相切磋、互相照顾。台湾地区的大学生也很愿意了解祖国大陆，只是他们苦于没有人主动提供这些机会，协助他们进一步到祖国大陆来进行交流。

就拿在陕西举办的"一带一路"世界跆拳道公开赛来说，我知道中国台湾有一些得过奥运金牌的跆拳道选手，如1988年世界跆拳道奥运鳍量级冠军秦玉芳原籍系陕西省。她花了6年时间，亲自培养出2004年奥运跆拳道女子第一量级冠军陈诗欣。还有2004年奥运跆拳道男子组第一量级冠军朱木炎，以及1992年跆拳道雏量级奥运冠军陈怡安，他们都很想来西安参赛，希望来西安交流，甚至愿意把自己的学生带到这边来参加比赛。陕西有关部门可以给他们多创造一些机会，让他们到陕西来，跟陕西青少年多交流、做朋友，进行互动。我相信，通过交流，他们回到台湾后绝对会在家人、学校师生面前宣传祖国大陆的美丽山河，特别是西安的人文艺术、民俗小吃等。

在西安搞一个世界陶瓷大赛

早在明清时期，台湾地区的手艺人对陶瓷工艺就很有研究，练泥、拉坯、印坯、利坯、晒坯、刻花、施釉、烧窑、彩绘、釉色变化等工序都已熟练掌握，形成了一套很扎实的中华传统工艺技术。

我回陕西以后，知道了老家有一个耀州窑。耀州窑始于唐代，宋代时最为兴盛，当时有"十里窑场"之称，是北方继汝窑后著名的青瓷窑代表。耀州窑老师傅拿起刻刀，精准的几下子，就能把泥巴的神韵雕刻出来，这是别处的工匠和一般人都做不到的。

为什么耀州窑后来没落了，现在知名度不够呢？我去了解了一下，主要是人才的问题。现在很多人不愿意干粗重活了，认为做陶瓷挣不到钱，所以青年人就都离家出去发展了，造成制陶师傅青黄不接的问题。很多老师傅只做一些简单拉坯，你让他再往精致上拉，则毫无办法，因为欠缺更加精致的传统技术。但是，这样的传统技术人才在台湾地区很容易找到。为此，我在台湾成立了一个陶治整合营销股份有限公司。刚开始负责人是我，现在是我的儿子。我可以把台湾一些知名的陶艺老师请来陕西，希望有朝一日能实现紧密无缝对接，通过和台湾知名陶艺老师们的交流互鉴，把耀州窑工艺水平提升得更高，成为世界品牌！

我曾给省市领导建议，古丝绸之路有三宝——陶瓷、茶叶、丝绸，这三宝可媲美黄金万两。假如在西安搞一个世界陶瓷大赛，把全世界各地的陶瓷知名大师、专家学者都请到西安来，让他们在西安创作，并留下作品汇集展览，这些世界顶级的宝贝就全留存在陕西了。

台湾新北市有一个陶瓷博物馆，用教育的方式引导小学生去认识吃饭的碗、喝茶的杯子是怎么从泥巴中变出来的。博物馆还有一个很大的户外亲子活动体验区。孩子们通过与老师的互动，有的捏个泥鸟呀，有的捏个 LV 的包包呀，进行各式各样的泥塑创作。之后，孩子们捏的泥塑，由陶瓷老师用高温烧成瓷，送给孩子们做纪念。

西安建设书香城市太好了

上次来，我知道西安正在推进"书香之城"的建设，大力培养市民阅读习惯，建设亮丽文艺观光廊带，建立西安文教品牌特色。让阅读风气遍地开花，这个想法太好了！

阅读是一切学习的基础，但培养阅读兴趣却不容易。从阅读量就可以知道一个国家未来的发展。以色列国民阅读量居世界第一，人均藏书量也是世界最多的，这就是那里人才济济，科研那么厉害，世界顶尖的科学家都扎堆的原因。

我粗浅地认为，阅读要"固根助长"。所谓"固根"，就是从幼儿时期就要打好阅读基础，最好是孩子与亲人一起共读，每周找一些时间共同阅读，或

曲江书城

绘本馆 Picture Books

是上图书馆借书，培养孩子的阅读习惯。所谓"助长"，就是学校或图书馆多多举办相关阅读推广活动，让孩子参与活动，参与阅读。最重要的还是回归到家人身上，如果家人也喜欢阅读，常常去图书馆，小孩自然会潜移默化爱上阅读。

西安市向来是藏富于民，从文化意象上来看亦是如此。建议多以创新方式鼓励民众亲近书，走进阅读空间，去感受阅读带来的宁静。不管孩子也好，大人也好，从阅读当中都可以增长见识。学习名人的成功经验，会潜移默化让自身发生改变。所以，西安建设"书香之城"，或者说把西安打造成书香文教之地，我是举双手赞成的。

张璠
出国创业要懂人家的法

访谈时间：2018 年 5 月 11 日

访谈地点：西安市雁塔区

口述人简介：

　　张璠，男，汉族，1963 年出生，陕西西安人。出身商贾世家，年轻时曾在新疆当兵 8 年，复员后辞职下海，后出国创业，在哈萨克斯坦接连创办 8 家工厂，成为华人在当地创业的榜样。担任哈萨克斯坦农业科学院中国代表，哈萨克斯坦羊业协会理事、马业协会理事，塔吉克斯坦华人联合会名誉主席、高级顾问，西安市华侨商会副会长等职，现为陕西省得仁投资有限公司、西安得仁客运汽车有限公司董事长。

卖火柴半年赚了3000万

我叫张璠，是咱西安人。我们家族有着经商传统，祖上还一度在从陕西到四川的钱庄网络中占据极重要的地位。

我爷爷曾经在日本留学，我奶奶毕业于中国最早的女子学校。虽然出身于富人家庭，但我爷爷非常开明，曾先后帮助过多位老一辈的共产党员。1933年时，他还秘密地捐出5000块大洋给红军的一支部队。当时，西安市中心买一栋房屋也就两三块大洋，5000块大洋可以供养这支部队1年的开销。

我父亲年轻时学过俄语，后来在中学当了英语和日语老师。我年轻时参军，在新疆服役8年，结识了很多哈萨克斯坦族、维吾尔族朋友。回西安后，我被分配到一家国有单位上班。

当时，国家实施改革开放政策，人们看到了发展的新机遇。于是，我毅然向单位递交申请，要求下海经商创业。随后，我做起了小生意：开过出租车，办过小型停车场，开过食堂，办过生产香槟的工厂，等等。

在20世纪90年代，我先后去了俄罗斯、立陶宛，然后就到哈萨克斯坦摆地摊创业。那个时候，哈萨克斯坦刚刚独立不久，生活用品非常紧缺，我在那里把各种能做的生意都做了一遍。后来，我就发现了一个机会——卖民用火柴。

当时，苏联解体不久，哈萨克斯坦和其他以前的加盟共和国的许多城乡都出现了电力短缺的问题，所以停电是常态。加之，当地人用的灶跟我们国内的不一样，他们的灶是不带电打火的，必须拿火柴来点火，所以我就在那里卖火柴。

当时，火柴是最抢手的商品，利润也是非常高的。中国的火柴大概一分六一盒，我们在哈萨克斯坦批发价是五分六。每天，我从国内向哈萨克斯坦发火柴，火车一发就是10个车皮、8个车皮的。短短半年时间，我光卖火柴一项，就挣了3000万元人民币，这不仅在当时是一笔巨额财富，就是在今天也是相当可观的。

成立华人联合会倾力帮中国企业

因为批发火柴挣了钱，所以后来我就定居在哈萨克斯坦，并且开始在当地建设工厂，先建了番茄酱厂，然后是卫生巾厂、电焊条厂、面粉厂等一系列工厂，一共建了8个工厂。这些工厂，在哈萨克斯坦都是比较优秀的企业。我因此也被陕西省评选为"百杰青年"，受到嘉奖。

在哈萨克斯坦，我们最早成立了华人联合委员会，我当时任会长。在那段时间里，我们给中国的华人帮了不少忙。第一个解决的是1993年中国政府在哈萨克斯坦所买油田的区块问题。因为当时哈萨克斯坦政府规定，中国能参与油田开发的人只有30个技术人员。那么大的区块只有30个技术人员，连基本工作都开展不了，更不要说保障整个油田的工作了。

我们华人联合委员会到处奔波，找到当时哈萨克斯坦劳动人事部负责人，请他帮忙解决了中国工人的劳务许可证问题。经过多次交涉和反复努力，我们最终拿到了1500个劳务许可证。从1996年开始，中哈油田就开始正常运转了。我们又协调当地政府，提供了很多减免税收的政策。印象最深的是，有一次，哈政府一次性就减免了600多万美金的税收。

像这样哈萨克斯坦帮助中国企业的事情还有很多。当时，从乌鲁木齐到阿拉木图没有航班。我认识一个海南航空公司的朋友。他找到我说，海南航空公司很想开通这条航线。我因为在当地待的时间比较长，也比较了解哈萨克斯坦的政策和法律法规，就找到当地政府，提出了开通航线的请求。当然，也是费了很多的工夫和心思，终于促成海南航空公司跟阿斯法纳航空公司签订合约，解决了通航的问题。从乌鲁木齐到阿拉木图的航班开通后，我个人还受到了中国政府方面的嘉奖。

在哈萨克斯坦，我还开了一个大的律师楼，到现在还有300多名律师。我们主要帮助中国大型跨国企业做法律咨询，从法律层面帮助中国企业解决了很多出现的问题。当时，陕西韩城有个企业家在哈萨克斯坦建了一个油漆厂，由于不懂当地政策，企业发展遇到了很大的麻烦。后来，我们向油漆厂伸出了援手，帮助他们解决了税务、征地、工厂的组建等众多棘手的问题。

先懂外国法律法规再去选项目

我虽然人在外国，但心怀祖国，不忘初心，一直给在哈萨克斯坦的中国人提供尽可能多的方便和帮助。在哈萨克斯坦那段时间，我们帮助陕西的企业、东北的企业解决了很多实际的困难。一次，俄罗斯从陕西一家公司进口一批猪肉，猪肉发货后，俄方没有及时付款。我们就找当地华人和当地政府官员协调，帮这家公司要回了 2000 多万美金。

我们不仅帮助中国企业解决了很多问题，也帮助哈萨克斯坦解决了很多问

丝绸之路群雕

题。如建设阿斯塔纳中心广场需要的石材、建设阿拉木图飞机场需要的石材等，都是我们积极协调后由中国企业提供的。

总而言之，我是西安人，虽然在哈萨克斯坦生活了 30 年，但我的根在陕西，我也一直在哈萨克斯坦推广陕西。2000 年，在我的努力下，哈萨克斯坦的首批 5 名留学生来到了西北大学，开启了他们了解中国、了解西安的大学之旅。我出去了 30 多年，经历了很多风风雨雨，克服了在国外遇到的种种困难，并在国外的朋友圈中赢得了很好的口碑。

中国企业包括我的企业确实在那边挣到了钱，但并不是像很多中国人理解的那样，到哈萨克斯坦那边钱就比较好挣。结合我在国外 30 多年的从商经验，我认为中国公民要在外国创业，首先必须要懂得这个国家的法律、政策法规。只有这样，你才能按照法律、政策法规的规定，并且结合当地的实际情况来进行合理的投资，避免不必要的麻烦。

2013 年 9 月 7 日，中国国家主席习近平在哈萨克斯坦访问时，提出共建丝绸之路经济带的重要倡议。这个倡议与当时哈萨克斯坦总统提出来的"光明大道"理念十分吻合。中国与中亚国家共建丝绸之路经济带的倡议，得到了很多中亚国家的积极响应，也为"一带一路"沿线国家发展带来了很多新的机会和可能。

结合我在外多年的经验体会，我要特别提醒一下中国的投资商，如果想到"一带一路"沿线国家投资，第一要懂得法律法规，第二要懂得政策，第三再去选择好的项目。机会是留给有准备的人的，对每个人的发展很重要，希望大家都能抓住"一带一路"的好机会，发展得更好。

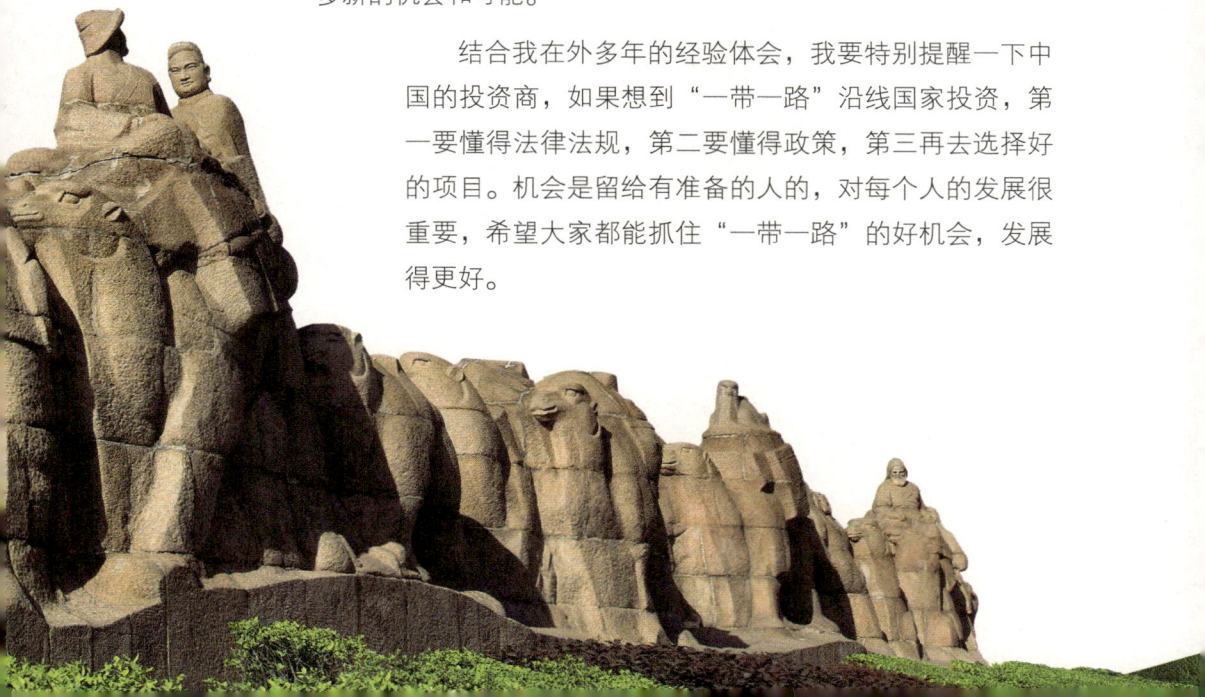

邂逅了浪漫的丝路爱情

我的夫人是哈萨克斯坦的乌舒洛娃·索菲亚，她原来是哈萨克斯坦阿里·法比国立民族大学的教授、学生处主任，此外还是塔拉兹国立大学的法学院院长。

我们的相识、相知和相爱，还有一段特别浪漫的丝路爱情故事。索菲亚为了研究丝绸之路沿线国家的海关法来到中国西安，我们就这样邂逅了。为此，索菲亚还专门写了一本《丝路好时光》的书，入选"外国人眼中的陕西"丛书，由陕西人民出版社公开出版发行。文笔出众的索菲亚，在书中专门用了几个章节，记载我们的丝路爱情故事。根据我们的这段丝路爱情故事，家乡的西部电影集团还专门为我们拍摄了一部名叫《爱情通关》的电影，现在正在进行后期剪辑。

我作为一个在哈萨克斯坦生活了 30 年的老华侨，本来已经基本上适应当地的政府，也习惯了当地老百姓的生活。2013 年，中国政府提出"一带一路"倡议后，勾起了每一个在外国发展的中国人的乡愁，令人渴望回自己的祖国。可以说，大部分中国人都有这种情愫。这在国外是没有的，就连我夫人在国外发表演讲时也多次提到这个问题。她说，中国无疑是世界上人口流动最大的国家。光看看中国人过年，你就会看到全世界再没有类似中国这种大规模的人口流动，一到过年，几亿中国人全部回到家乡，这是世界上的一个奇迹。

作为一个地道的老西安人，我当然也排除不了中国人的这种思乡的情愫。所以呢，我就动了回国发展的念头，在此之前我也在家乡有过一些投资。于是，我就跟夫人商量说，现在春天来了，咱们现在回中国投资吧。开明的索菲亚同意了我的请求，于是我们夫妻俩就带着孩子回到了中国，回到我自己的祖国，回到自己出生的地方来生活了。

因为我夫人原来是哈萨克斯坦的法律专家，参与组织了好多国际合作项目，所以我们来西安后，她就被西安交通大学聘请为法学院教授，从事"一带一路"的法律研究。因为我在哈萨克斯坦娶了老外媳妇，所以我的孩子一半加入中国国籍，一半加入哈萨克斯坦国籍。刚回来时，他们无论语言、生活，还是上学都不习惯。但是，西安交大对我们的家庭给予了特别多的支持。

我的大儿子是中国国籍，我希望他爱自己的祖国，就让他参加了中国人民解放军，他在部队认真服役，多次被评为优秀士兵。我们家庭比较特殊，我是中国人，夫人是外国人。我经常给孩子们讲：你们长大了，永远不要忘了根在哪里，根就在咱们陕西西安，这里是丝绸之路的起点。所以，孩子们也特别特别喜欢——西安！

努力为家乡大西安添砖加瓦

在哈萨克斯坦，我们家还获得了"一带一路"功勋奖章。这个勋章是2017年8月，中哈两国政府为表彰在"一带一路"中做出贡献的家庭，在哈萨克斯坦颁发的。我在中国外交部举办的典礼上，领取到"一带一路"金质奖章。这个勋章上，一面是哈萨克斯坦的国旗，一面是中国的国旗。那次活动的金质奖章、银质奖章、铜质奖章各有一个，一共3个奖章，我们全家获得了唯一的金质奖章，真是不容易。我也是唯一一个获得这个勋章的中国人。

我们热爱自己的祖国，就要用实际的行动来支持国家的政策。回到西安以后，我还率领美国、日本等15个国家的华侨、商会对商洛山阳组织扶贫。贯彻国家的扶贫政策也是我们华侨义不容辞的一项责任。我们现在跟当地政府达成合作，一定要帮助老百姓脱贫，帮老百姓富起来。我们现在在山阳做的是农业项目，让当地农民掌握技术，帮他们从根本上脱贫。

我个人虽然长期在哈萨克斯坦做生意，但一直把在哈萨克斯坦赚到的钱拿回西安投资办企业。我第一次回国投资是在1998年，当时在西安市开通了唯一一条私营公交线——710线路。这个项目是第二届西洽会的招商引资项目，当时公司名称为得普汽车运输公司，后来改成得仁客运汽车有限公司。

710路投资以来一直很顺利，先后换了4次车，线路经营18年间共投资5000万元，共计运载乘客1.46亿人次，年平均载客800万人次，还多次获得优秀华侨投资企业、共青团号等荣誉。

我感觉，从 2016 年底开始，新一届西安市委、市政府正在把西安带入一个崭新的发展轨道。特别是这一届领导上任之后，鼓励大家来西安投资，给大家提供很多的机会，也给予很多实际的支持。这是一个大的手笔，是要把西安打造成一个真正的国际化大都市。

2018 年过年，我就特别有感触，今年春节搞的"西安年·最中国"活动非常好。我想，西安真的迎来了发展的新时代。现在的西安，一切都注重人，注重"人民"两个字，注重开放和平等，也让我这个老华侨感到特别欣慰。所以，在西安建设国际化大都市的过程中，我也想继续贡献自己的一点力量。我初步定的是进行农业方面的投资，包括把国外最先进的种羊技术、最先进的微生物技术及最先进的养殖技术和繁育技术，都带回中国，带回西安。虽然，我今年已 55 岁了，但仍要努力地为自己家乡的发展添砖加瓦。

何诚

国际教育是我创业的
主心骨

访谈时间: 2018 年 5 月 10 日

访谈地点: 西安市雁塔区

口述人简介:

何诚, 男, 汉族, 1979 年 1 月生于西安。小学和高中
在西安就读, 1996 年赴俄罗斯莫斯科国立大学留学 8 年,
2003 年毕业后回西安实习, 同年赴哈萨克斯坦, 跟随时任
哈萨克斯坦总理捷列先科工作。系哈萨克斯坦国际一体化基
金会股份公司秘书长兼驻中国代表处首席代表, 陕西省商务
厅驻哈萨克斯坦商务代表处总代表, 陕西省贸促会驻哈萨克
斯坦经贸代表处总代表, 西安市驻哈萨克斯坦商务代表处总
代表, 哈萨克斯坦陕西商会会长, 陕西省侨联海外委员, 陕
西省统战部海外联谊会委员, 西安招商大使。现为陕哈实业
集团有限公司董事长, 哈萨克斯坦陕哈一体化有限公司董
事长。

留学期间开始做贸易生意

我叫何诚，1979 年 1 月出生于西安。父母在外经贸系统工作。1996 年，我在西安中学准备高考时，省外经贸委允许子弟随着外派的商务参赞一起出国留学。我父亲是老三届学生，第一外语学的是俄语，所以就送我去俄罗斯莫斯科国立大学留学。因为年龄小，出国时还没有什么对未来的规划，就很安心地开启了一段在莫斯科生活和学习的历程。

1996 年前后，俄罗斯正处于混乱、萧条的羸弱时期。我开始是留学，后来就趁着俄罗斯物资匮乏，做起了贸易生意。随后，越来越多的陕西商人前来开辟贸易机会，我除了学习，就给家乡来的老大哥们帮忙打下手，累积生活和从商经验。那个时候，在俄罗斯的陕西人，不论留学生还是经商的人都比较少，我们总能经常相聚，彼此帮助照顾。

历经几年的留学生活后，我没有像大部分留学生那样留在莫斯科经商或去欧洲发展，而是回到了西安。当时，我给父母解释，在国外的生活中，真切地感受到了祖国的强大。我回来是要更好地背靠祖国，去做好对外合作的事业。

我用了半年的时间，走遍了中国跟朝鲜、俄罗斯接境的陆地口岸，从东北地区的丹东开始，从东向西，经绥芬河、海拉尔、漠河、满洲里走到新疆的阿拉山口和霍尔果斯，最后到位于我国大西北的新疆考察。我发现新疆周边与 8 国接壤，边贸很繁荣，需求很大，比起别的边境地区，这里要兴旺很多。新疆属于西北地区，让我没有异地感。这个时候，我也才知道与中国新疆接壤的国家中，哈萨克斯坦是最大的。

总理让我帮东干老陕西人寻根

也巧，我很快结识了哈萨克斯坦的东干人，他们是已经融入哈萨克斯坦生活的一个小民族，但却是纯正的中国移民后裔。当时，哈萨克斯坦主管民族事务的机构是民族和睦大会，大会的主席是努尔苏丹·阿比舍维奇·纳扎尔巴耶夫。从那时到现在，他也一直是哈萨克斯坦总统。

哈萨克斯坦民族和睦大会的常务副主席是哈萨克斯坦第一任总理捷列先科·谢尔盖·阿列克桑德洛维奇。他是苏联时期的组织部部长，老共产党员，很推崇中国发展的社会主义市场经济，在苏联解体后迅速跟中国建立外交关系。所以，我就成了他的政策研究助理，翻译中国的改革开放政策。现在哈萨克斯坦国家政策中的补贴、贴息、混合制经济等，都是他在了解到中国的成功经验后向总统建言被采纳的。由于他对西安与哈萨克斯坦合作交往的突出贡献，后来还被授予"西安市荣誉市民"。

中亚"陕西村"

在给捷列先科总理担任翻译时，哈萨克斯坦的国力正在逐渐增强，其高层在不断探索长期发展的战略和政策。哈萨克斯坦有一条政策是发挥130多个民族的对外联系潜力，鼓励各民族回到祖籍国招商引资。捷列先科问我是不是陕西人，我说是。他说，东干族是来自中国的移民群体，失去了跟中国故地的联系。他让我想办法，帮他们打开回老家的寻根之路，建立跟国内的侨务联系。我立马答应。于是，我就带着"哈萨克斯坦东干协会驻西安代表处首席代表"的任命，回到了西安。

在家人和朋友们的热心奔走联系下，东干人与西安的侨办建立了联系。经过媒体报道这事，家乡父老了解到在哈萨克斯坦等3个中亚国家里，还有12万的老陕西人。经过"陕西村招女婿"等活动的举办，他们在陕西逐渐变得家喻户晓了，家乡人称他们居住的地方为"陕西村"。当时，我感觉很自豪。就这样，不知不觉干上了对外联系的工作。

秦人"硬正敦厚"的性格影响了我

这个时期，除了乡情的交流和文化交流外，我找到了工作的主要方向，就是国际教育。刚开始是东干子弟回西安要学习汉语，随后带动起了哈萨克斯坦各民族年轻人来西安留学。2008年，来西安留学的哈萨克斯坦新学生就达880多人。一直到现在，全省每年近万名外国留学生里，中亚五国的学生总数占五分之一，是陕西第一大留学生来源地区。其中，哈萨克斯坦学生人数最多，哈萨克斯坦是陕西的留学生第一来源国。我的团队创造出一套"学校搞教学，我们搞管理"的俄语辅导员管理体系，减少了留学生生活、学习中的困难。我第一次感觉到自己把留学时期的所学用上了。

随着中哈友好关系的不断推进，捷列先科代表哈萨克斯坦担任上海合作组织成员国协调员、博鳌亚洲论坛理事会执委，最后还受邀担任在西安召开的欧亚经济论坛理事会筹委会主任委员。所以，他每年都来中国参加相关会议活动。2005年，欧亚经济论坛成立时，他第一次访问陕西，来到西安。他很喜欢这座城市和城市所特有的文化气氛，告诉我："你的家乡很漂亮，又是丝路文化的起源点，还是中国的中心，未来是中哈合作的一个关键地区，这里值得好好精耕细作，一定有大的战略作用！"他鼓励我，先从推动中哈的民间交流、教育合作、年轻人互动等领域开始努力。那时我还没有成熟的发展思路，只是潜意识中受秦人那种"硬正敦厚"性格影响，没想着飞黄腾达，只想着把一件事情扎扎实实做好。

2008 年，我完成了协助对接东干人（陕西村）回家乡的阶段性任务。如今他们已经能轻车熟路地回到家乡，与各行各业洽谈合作。2008 年 5 月，捷列先科认为陕西和哈萨克斯坦的东干人的联系交往已经走上正轨，而且经济发展是哈萨克斯坦的主旋律，想给我调整一下工作。而我在东干人的侨界交往和陕西与哈萨克斯坦的教育合作稳定发展后，也希望自己能为经济发展做出一些贡献。

当时，哈萨克斯坦国际一体化基金会驻中国代表处的首席代表病故后，一直没有主持工作的人，所以，我成了第二任哈萨克斯坦国际一体化基金会驻中国代表处的首席代表。一体化基金会曾履行了哈萨克斯坦贸促会的职能，同时在社会公益工作和管理 150 家企业的经济两条主线上发挥作用，我觉得这是一个更加充满活力和潜力的平台。我当时只提了一个要求，把注册地址换到西安，成立西安代表处。我的理由是，西安是中国的中心，如果中哈开始全面合作，从流动到门户到枢纽，必然离不开西安的整合和统领。现在看来，当初的判断是对的。捷列先科批准了我的计划，也对我进行了委任，我在西安的正式身份成了首席代表。

2008 年下半年，新的机遇又向我招手。当时哈萨克斯坦东干人所在区域的江布尔州正寻找与中国的省份合作，因捷列先科对陕西的推荐，对方来人考察后，建立了陕西省与哈萨克斯坦地方的第一个友好州省关系。陕西省与江布尔州签订了友好州省关系，这为我们今后的交流打下了坚实的地方合作基础。

2009 年，陕西省政府领导率团回访哈萨克斯坦江布尔州，这是陕西省的主要领导第一次踏上哈萨克斯坦的土地进行访问，访问很顺利，反响很大。省领导提出了陕西的外向型经济合作应打开向西的桥头堡。会晤中，哈方提出希

望双方指定长期互派机构，加强合作交流，陕西省政府遂决定由省商务厅在哈萨克斯坦成立商务代表处。政府考虑到我是老外贸子弟，又曾在哈萨克斯坦前总理身边工作，有利于双边的协调和工作便捷，就推荐我负责代表处。经双方最终确定，我又成为陕西省商务厅驻哈萨克斯坦商务代表处的总代表。

中哈合作的高峰期提前到来

就这样，从 2003 年第一批 7 个哈萨克斯坦自费生到西安读书以来，以 5 年一个周期培养 1 名本科毕业生来计算，到 2018 年已培养了 6000 多名哈萨克斯坦学生。很多学生回国后，已经在政界、商界、社会文化界崭露头角，并

西安—阿拉木图 "长安号" 中亚班列

为哈萨克斯坦与陕西的合作奉献出一己之力。比如，一个学生当上了哈萨克斯坦教育部办公室主任，为中哈两国教育合作继续发展做了很大贡献。仅看这一点，我就觉得自己的工作没白做。

当时，我估计 10 年后才是中哈启动全面合作的黄金时期。没想到，随着十八大召开，新一届国家领导人产生，中哈合作高峰期提前到来了。

2013 年 6 月，陕西省政府新任领导首次出国访问就选择了哈萨克斯坦和韩国，一东一西两个境外距离陕西最近的国家。我在哈萨克斯坦陪同访问。这次出访使陕西对与哈萨克斯坦的合作达到了一个新的认识高度。省政府决定在陕西和江布尔州合作的基础上，将合作提升到陕西与哈萨克斯坦展开全方位合作的新水平。为此，陕西省办公厅邀我一起会商，起草了一份合作纲要，先后3 次全面征求各厅局意见并易稿。就在正式下发文件的 9 月 7 日这一天，中国国家主席习近平在纳扎尔巴耶夫大学发表了题为《弘扬人民友谊，共创美好未来》的演讲，呼吁共建"丝绸之路经济带"。9月底，捷列先科来中国参加欧亚经济论坛，成为"一带一路"倡议后中亚地区首个来访的前政要。他表态，哈萨克斯坦很愿意搭乘中国发展的快车，共同推进国际合作。

2013年9月到2018年，陕西主要领导对中亚国家的关注达到了前所未有的高度，各政府部门、企业、社会各界开始把目光转移到中亚地区哈萨克斯坦这个很近却了解不深的地方，好像发现了一块新宝地。好多人给我打电话说："你们赶上了好时候，迎来了好机遇。"我很赞同，内心更感谢陕西人的"敦厚"性格，通过坚守和正确判断，就一定可以迎来机会。所以，我觉得我很幸运。

西安在世界的朋友圈越来越大

2017年底，考虑到哈萨克斯坦的陕西新老企业数量越来越多，合作形势更加多样，产业行业更加多元，为了打好"秦人陕西"这张牌，我们成立了哈萨克斯坦陕西商会，我也荣幸地担任了商会的会长。

我们这个商会虽然不大，也很年轻，但商会是在中国国家主席习近平2013年对哈萨克斯坦访问时呼吁共建"丝绸之路经济带"的背景下应运而生的。现在，中亚地区很多人都知道西安是丝绸之路的起点。所以，我们这个商会也是在中亚第一大国哈萨克斯坦的一个以丝路家乡、陕西人、陕西情、陕西缘所团结起来的陕西商人团体。

从2017年到2018年，我们为家乡陕西商人在哈萨克斯坦投资提供了很多的便利。可以这样说，在哈萨克斯坦落地的与中国合作的大项目里，我们陕西能占据份额；在哈萨克斯坦的私企投资里，陕西商人投资数量最多、总量最大。比如，有些陕西商人在哈萨克斯坦投资开办铝扣板厂，在当地发展得很好，还投资开发当地矿山。

我们商会还有一个执行会长。哈萨克斯坦建国26年，他在那里待了26年。他把中国南方出产的金刚石、大理石，用火车拉到哈萨克斯坦。现在哈萨克斯坦的政府部门、火车站、机场，甚至前不久的政府接待厅等，都是用他提供的材料建造的。他所持有的石材，占到哈萨克斯坦石材市场总量的30%以上。在他的带领之下，走出去的陕西企业家更多了。韩城一家陶瓷企业经营墙砖和壁纸，虽然走出去晚，但2016年在哈萨克斯坦开了一次展会扩大影响，到了2017年时，一个客户就签下350万美金的瓷砖出口协议。

而我们陕西走出去的"长安号"运载的那些出口中亚的物品，大部分都来自陕西西安。我想，随着越来越多的西商走出去，走得越远，我们的经济效益也就变得越大，而且以西安为起点，走出去多大半径，我们西安的世界朋友圈就能辐射多大半径。

为了改变陕西人当年单打独斗和误打误撞走出去的局面，在"一带一路"倡议背景下，我们商会组织新的陕西企业有序、有规模、有批次地走出去，以老帮新，以新促老，完成一次国内的"抱团出海"或者是国外的"再次抱团出海"，树好陕西大旗，坚决地爱国护国，爱侨、团结侨民，在国外华侨中讲好陕西故事，这是我们商会在哈萨克斯坦该做的本分事情。

同时，为了更加凸显示范作用，带动更多观望的企业投入走出去的大潮中，我也成立了陕哈实业集团有限公司和哈萨克斯坦陕哈一体化有限公司。根据陕哈交流长期化事务的需要，划分为陕哈教育、陕哈旅游、陕哈商务和陕哈物流4家专业子公司。目前，陕哈教育继续保持着管理全省最大留学生来源国——哈萨克斯坦留学生的业务，并且已经开始向培养陕西"中亚通"迈进，同时启动实质性联合办学，筹备双方合开院校；陕哈旅游方面，我们承包发起西安—阿拉木图的第三条中哈航线；陕哈之间的会议会展等交流活动，全部由陕哈商务公司提供全方位的服务便利；陕哈物流公司2018年计划发货的区域遍及中亚五国，货量达到陕西全省"长安号"货运目标的20%。

胡焕涛

西安是西部投资的
第一选择

访谈时间：2018 年 5 月 15 日

访谈地点：西安市雁塔区

口述人简介：

　　胡焕涛，男，汉族，1957 年 6 月出生于西安。西安外国语学院（今西安外国语大学）毕业后留校任教，后下海经商，1997 年前往美国从事国际贸易。系美国陕西总商会会长，陕西省侨联、侨办海外委员，西安招商大使，宝鸡市经济顾问。现为陕西华夏纪元公司董事长。

现在一年有多半年时间在西安

我叫胡唤涛，1957 年 6 月 15 日出生于西安。我从小就对科技很感兴趣，中学上的是西安外语学校，大学考取的是西安外国语学院（后改为大学），大学毕业后留校任教。1986 年到 1988 年间，我被派往美国留学。

后来，我下海经商，办起了自己的公司。1997 年以后把分公司办到了美国，没想到到美国之后就病了，因为看病也就留在了美国，一直到现在。在纽约，我主要从事国际贸易，就是把中国的工业配件卖到美国，这个业务做了将近 20 年。在美国期间，我也开展了一些其他的业务，比如说房地产和金融。

从 2008 年起，我每年回国考察，也多次回国参加西安举办的西洽会，现全名为丝绸之路国际博览会暨中国东西部合作与投资贸易洽谈会。因为非常看好国内的经济形势和市场的活力，我从最开始回来在国内待一个多星期，到现在回来一次就要在西安待多半年。

从 2012 年开始，我们在西安泾河新城投资建设了一个美国科技产业园。到现在为止，这个产业园已经建设开发 6 年时间了。我们的美国科技产业园，位于西咸新区泾河新城高泾大道以南，泾渭大道以东，包茂高速公路复线泾阳出口处。项目占地面积是 550 亩，入驻企业 20 家，10 家生物医药保健品厂，10 家装备制造工厂。园区中，有一家企业是做军民融合产业的，这家企业从 2016 年部分投产后，已经有产品出口到 50 多个国家。去年，园区的出口额达到了 2100 万美金。随着整个园区工厂建设的进一步完善，我们还会有更多的产品出口到更多的国家。

与此同时，我们也在跟西咸新区商谈接洽，想再接管和继续投资一些园区。我们也希望发挥自己的优势，为政府排忧解难，把陕西的园区建设好，希望将自己建设这些园区的经验和教训，用到以后的园区建设上。

下一步，我们希望在临潼有比较大的投资。在临潼这块，希望有两个方面的投资：一是在文化旅游、现代农业领域；二是希望能够整合陕西甚至全国的旅游工艺品，在临潼建设一个旅游纪念品生产加工销售基地。把国际饮食、国际风情，还有一些大型的娱乐项目放到这些地方。希望到秦始皇陵兵马俑旅游的人群能够在附近多待一段时间。预计在这两方面的投资达到 100 多个亿，目前我们已做了比较详细的调查，希望下一步能够推进，也希望领导和各个方面给予鼓励和支持。

西安是投资热点中的热点

在美国经商的中国人中，来自中国沿海一带的人多一些。中国西部到美国经商的人中，陕西人最多。陕西人中，西安人自然也就更多一些。我在美国经商 20 多年，发现了一个特点，从西安走出去的留学生，素质都比较高，因为西安的几所大学，都是国内质量比较高的。陕西留在美国的留学生，大多都在政府机构、研究所工作。在美国做生意的陕西人，大多是学文科的，因为文科生在美国的就业机会相对少一些。

从陕西出去的商人，在国外做事都讲诚信，办事情很稳当；缺点是不够灵活，不会宣传。但是，很多人把事情做得很大。改革开放后，到海外投资的陕西人和西安人也不少，为华人华侨增添了新鲜血液。他们大多做的是房地产，因为国外管理的程序多，所以他们的成绩还没有显露出来。

最近这些年，从美国来西安投资的人每年都有很多。最早的时候，很多人是来参加西洽会的。比如说，2008 年我们组织了 25 个人参加西洽会，2009 年我们就组织了 43 个人参加西洽会。那一年参会的美国团，是到现在为止，人数最多的外国商人代表团。现在，从美国来参加西洽会的人不是很多。这是因为已经实现平常化了，就是经常有人到陕西到中国来考察，寻找商机。其中，西安和陕西肯定是大家考察的热点中的热点。

为什么西安乃至陕西会成为热点中的热点呢？首先是经济发展的趋势所决定的。我们商会也做了很多关于陕西关于西安的推荐工作。实际上，我们的做法很简单，就是给美国人讲陕西和西安的故事，因为这里有太多历史的积淀，比如说姜太公钓鱼、秦始皇统一六国、汉武帝打败匈奴的故事等。经过我们多

2018 年丝绸之路国际博览会

年的持续宣传，很多在海外的人对陕西和西安有很深的认同感。一提到陕西，特别是每年清明，在黄帝陵举行的公祭轩辕黄帝活动，很多人都来参加，因为大家都是炎黄子孙。所以，我们在美国要继续下大力气讲陕西故事，讲西安故事。

美国陕西总商会成立于 2007 年。在筹备的过程中，陕西省的领导看望我们时说，让我们挂两块牌子，一块是美国陕西总商会，另一块是陕西省人民政府驻美国办事处。后来，大概过了 1 年时间，陕西省政府领导在人民大厦向我们授牌，最后确定的名称是"陕西省商务厅驻美国商务代表处"。我们为政府做一些服务性的工作，做政府招商引资的桥梁。

美国陕西总商会的会员构成非常多样化，从事制造业的非常少，大多集中在贸易、零售、批发、进口、服务、房屋中介、婚姻中介、餐饮、交通运输、旅游等领域。商会发展的初期主要是陕西人，大家在一起说说陕西话，吃吃陕西饭，看能不能为乡党们提供和创造更多的生意机会，扩大大家的人际网络。后来，商会加强了与在美国的中国其他省市商人的横向联系后，浙江、福建、广东等沿海省份的华人华侨也有不少参加进来，现在我们的会员有几千人了。兄弟省份的商人们进商会，主要是想在商会的带领下，到西部去寻找机会。当然，西安是我们在西部投资的第一选择。

想办法让更多海外留学生回西安

现在，来陕西落地的企业数量还不算很多。我觉得，在这方面我们还需要进一步加强陕西的营商环境建设，继续做好一些后续服务。很多企业先到陕西访问，再到沿海地区访问，对比后可能就留在沿海地区了。我在西安建产业园的一部分想法，就是希望通过我们这个产业园，能够给从美国来的企业家提供更多的帮助，让大家能把企业留在陕西。这样，就能让更多的人认识西安，到西安来发展兴业。

虽然，陕西的经济底子不如南方的殷实，南方的条件可能比较优越。南方在改革开放初期，得益于政策的红利，吸引了不少资本。加上后期的招商引资，南方一些城市能够走在发展前列。西安和陕西，显然在这一方面晚了一点。但是如果我们动之以情、晓之以理的话，情况可能会有一些大的改变。毕竟，大家都有家乡情结嘛。现在，我们西安市政府提倡的"店小二"服务精神就非常好，我觉得会打动不少人。

谈及陕西和西安的下一步发展，我认为人才非常重要，特别是"中国制造 2025"提出了智能制造，我觉得，陕西和西安在"中国制造 2025"中占据着非常大的优势。就全国范围来说，陕西和西安是非常重要的高端工业生产基地。有了高端工业的生产，还需要有大量的高端人才。这一次，如果陕西和西安的人才储备很充足，政府部门在政策方面多下些功夫的话，我想陕西和西安是很有希望在短期之内取得显著发展的。所以，我建议，咱们西安市和陕西省要多注重从国外引进人才。西安最近的落户政策做得很好，也很有成效，很快就有很多大学生落户。我建议，西安再花费一些精力，再多想一些办法，吸引国外的留学生来创业，不光是陕西省出去的留学生，还包括全国各地出去的留学生，吸引他们来西安落户。

因为留学生，特别是早期的留学生，学了这一二十年以后，都学有所成，而且在各个领域都有了不小的成就和工作经验。他们回来以后，能够为陕西的经济建设和技术的提高，特别是对陕西"中国制造2025"、智能制造，做出不小的贡献。此外，年轻的留学生，虽然在国外没有多少经验，但是他们学到了很多新的观念和新的理念。如果吸引他们回西安创业，就会带来不少新的想法。我觉得，在这方面应该加强力度。

万长青
把国外所得背回家乡做事情

访谈时间: 2018 年 5 月 16 日

访谈地点: 西安市西咸新区

口述人简介:

　　万长青,男,汉族,1962 年出生,陕西凤县人。1978年考入西北工业大学,毕业后在西安工作多年。20 世纪 90年代初下海,在中东国家从事国际贸易 20 多年。先后被推荐为中国侨联海外委员、全国政协海外列席委员、陕西省政协委员、西安市政协委员,受邀参加国庆 60 周年天安门观礼和抗战胜利 70 周年天安门阅兵典礼。系阿联酋华人华侨联合会会长、西安凤县商会会长,现为中东中国工程贸易有限公司(迪拜)董事长。

29 岁时被派出国负责招商引资

我是陕西宝鸡凤县人，出生于 20 世纪 60 年代初期。我的父母都是凤县人，因为他们在 50 年代考上中专后，分别留在郑州、西安工作，所以我从小就被留在凤县跟祖父、祖母在一块生活，17 岁以前都在农村。可以说，我属于中华人民共和国历史上第一批留守儿童。

后来，我在恢复高考的第二年考上了大学，走出了大山，来到西安读书。1982 年大学毕业后，我被分配到了西安自动化仪表厂工作。两年间，我从见习技术员做到技术员，再做到助理工程师，最后干到车间技术副主任。

1984 年底，西安市政府因筹备第一届国际合作洽谈会，要从各单位借调一些大学毕业、有一定工作经验并且懂外语的人，我有大学的文化底子，再加上勤奋的努力，就有幸被选为借调人员，来到了西安市外经办工作，主要参与筹备陕西第一届国际合作洽谈会西安代表团的工作。过了几个月，这个会办完以后，我又有幸留在了西安市外经办继续工作。

1985 年时，西安恢复为计划单列城市。这样，原来的西安市外经办改制变为了两个单位，一个叫西安市对外经济贸易委员会，另一个就叫西安国际经贸公司。我考虑到未来发展的空间，就选择了西安国际经贸公司技术引进处，从事进出口贸易，负责进出口硬件、技术引进等工作，像西安市市政系统最早使用的沥青摊铺机、稳定土拌和机等，就是在那个时期引进的。因为这样的经历，我有机会出国考察学习，参观发达的资本主义国家的装备制造业，开拓了眼界。

公司业务不断拓展，我的工作经验也在不断累积，后来又赶上了"走出去"的步伐。陕西省为了鼓励陕西企业走出去，当时在国外设立了 5 个窗口公司，其中一个机构是面向西亚和非洲地区设立的。当时，倡导的是"政府搭台、企业唱戏"。1990 年，我有幸被选为陕西外贸机构的负责人，去非洲、中东工作。当时我才 29 岁，主要任务是学习国外先进的制造装备技术，积极开展招商引资活动，把一些有实力的公司引到陕西来投资，同时把陕西的产品推到国外。

从 1990 年底到 1995 年初，我一直在迪拜负责公司的这一业务。

参与见证了阿联酋的快速崛起

后来，我辞去了公职，带着媳妇孩子到迪拜，开始自己创业。

在一个完全陌生的国度里，儿子万昱哲刚满 6 岁，因无钱雇用员工，我只好白天开车，在外面跑汽车铝合金轮毂和汽车装饰材料销售业务，媳妇在家记账、做发运的零配件包装、制作各种出口的单证，还要做饭、洗衣服、教孩子学习。

通过自己的努力，不断学习，我掌握了当地的语言，掌握了当地的法律法规，结识了很多当地有身份、受过高等教育的朋友，最后我可以说在当地如鱼得水。

在迪拜，主要业务是给工程项目做施工设备和材料的配套供货，比如说水利水电工程、道路桥梁工程、油田基本建设工程等。可以说，我在那个时候，参与并见证了阿联酋迪拜快速崛起的整个过程，参与了迪拜从资源枯竭城市向服务型城市转变的过程，也参与了中国企业在中东、非洲的许多建设项目。

首个拍下海外退役军车的中国人

1997 年，中石油管道局承担了在苏丹的原油管道项目，我们企业为该项目提供了设备配套服务。项目管道要穿过苏丹南部的丛林、尼罗河沿线的沼泽、苏丹中部的大沙漠地区，又要经过红海沿岸附近的戈壁、山石地区。由于地形地貌等地质条件非常复杂，对施工机具的要求也就非常高。当时，我们国家在装备制造尤其是重型卡车、运输车辆领域还比较落后。尽管后期引进了奥地利的技术，也已国产化了，但是它的整车性仍不能满足施工的需求。

急项目之所急，想项目之所想。得知项目施工机具瓶颈困难之后，我就马上飞到苏丹，沿着整个路线进行了考察。根据多年在中东的实践经验，我给中石油管道的项目经理推荐了一种北约组织退役的英国制造的白福特 4×4 军车。

此车是北约军队短程导弹发射架的用车。在阿联酋的王室农场，我看见过此类车的二手车被用来运输水和物资，特别适合在沙漠戈壁行驶。它的优点一是底盘高，二是所配置的发动机动力性强。我认为，此车的二手车不仅价廉且性能可以满足苏丹原油管道建设需要，所以就极力推荐。

可是，当时这种车的货源有限。我们 1500 多公里的管道，有大大小小 14 个作业点，每个作业点至少要配备七八辆这样的车。但是，当时市场上没有这么多的资源，只组织到了 20 多辆车。

咨询各方面信息之后，我了解到，每两年一度，北约要在荷兰的鹿特丹港举行一次退役军用物资的拍卖会。于是，我就飞到了鹿特丹，报名交定金，参加这个拍卖会。这可能是第一个有中国人参与的外国军队退役军用物资拍卖会，我也很可能是首个竞拍海外退役军车的中国人。那是在 1998 年初。

在那个拍卖会上，我一举拍下了 80 多台车，然后发回迪拜。在迪拜，我们对车进行系统性的维修，改造后再全部发到了苏丹。经过两年工期的考验，这种车完全胜任并出色地完成了管道建设任务。

当然，我在中东、非洲等地经商也有很多不为人知的困难，也曾经历过炮火的威胁，有时也会有生命危险。

类似的事情，这二十几年里经历了很多。现在，我的企业 METCO 的经营业务辐射中东、非洲 30 余个国家，形成了以工程机械、贸易租赁、大型土建项目设备配套、油田运营外包服务为主的业务格局。

出任阿联酋华人华侨联合会会长

从 20 世纪 80 年代中期起，越来越多的中国人在迪拜聚集。到了 90 年代末期，实际在迪拜活动的中国人已经超过了 10 万人。鉴于当时的这种情况，中国大使馆总领事馆按照商务部鼓励在条件成熟的地区成立中国商会的要求，动员我们在阿联酋成立中国商会。

在当地中国人的积极参与下，在迪拜大使馆的指导下，1996 年我们成立了历史上第一个阿联酋中国商会，我被选为第一任常务副会长。我很荣幸，成为阿联酋中国商会的第一批参与者，也是发起者之一。

随着当地经济社会的快速进步，以及中国人的进一步聚集，2007 年在中国大使馆、中国侨联的鼓励下，我们这些在阿联酋时间比较长、生意做得比较成功的人士，就联合起来筹备阿联酋华侨华人联合会。

经过两年的筹备，2009 年元月，阿联酋华人华侨联合会成立了。联合会是中东历史上第一个华人爱国侨团组织，受到了中国五大涉侨单位的关心和支持。联合会的成立也是阿联酋 25 万侨胞生活中的一件大事。中国侨联秘书长、中国驻阿联酋大使、中国驻迪拜总领事馆总领事前来祝贺，并发表热情洋溢的讲话。经过投票选举表决，我非常荣幸地担任了首任会长。

在阿联酋 25 万中国人中，一大半是江浙人，其次是广东人、河北人、山东人，陕西人确实是凤毛麟角。我这个陕西人之所以能当会长，我想一是因勤奋与努力，二是受益于我从小接受的教育。我的祖父祖母都是过去的文化人，传承着中庸和谐的思想，讲究做事情要严谨、认真，但性格里都内含着陕西人敢作敢为的特质。一句话，勤奋努力加上智慧，我们中国人不管走到哪儿，都会有发展的前景。

两次受邀参加北京天安门观礼

这些年来，我个人也获得了许多荣誉：2005年在大使馆总领事馆的推荐下，受中国侨联的邀请参加在北京举办的中国侨联大会，并当选青年委员；2006年当选为中国侨联委员和青年委员会常务理事；2008年受全国政协邀请，作为中东第一个海外列席委员列席全国政协第十二届会议；2009年新中国成立60年之际，受国务院侨办的邀请，作为第一个中东的侨界代表，参加了中华人民共和国成立60周年天安门观礼，并受到党和国家领导人接见；2010年受全国政协邀请，组团并作为团长回国参访；2015年受全国政协邀请，参加了纪念抗战胜利70周年天安门阅兵式观礼……其中两次参加天安门观礼活动，是党和国家给予我的至高无上的荣誉。我现在是陕西省政协委员，省侨联名誉主席。

因为我走出去得比较早，加之个人的家乡情结又很重，随着年龄慢慢大了，我就想把自己在国外的辛苦所得拿回来，回国创业，给国家做点贡献，为家乡多做些实事。

2002年开始，我逐步在家乡陕西投资。当年，就成立了西安美德工程设备服务有限责任公司。后来，我又创立了徐工机械在西安的第一个4S店。2005年，我投资建成了西北工程机械市场，这个市场在目前来讲是西北地区最大的。市场聚集了百余家的商户，安置人员在3000人左右，一年的销售额差不多是五六十亿。2009年，我成立了西安德荣房地产开发公司，投资5000余万元在铜川建设五星级酒店，并配套开发房地产。2011年，我创立西安德勤实业投资公司，与天津滨海新区自贸区的世盛集团联合投资西安高新区汽车博览园项目，项目占地500余亩，正在前期筹备阶段。2014年，我与陕西路桥集团、陕西海外投资集团合资成立了陕西海外工程建设有限责任公司，承揽了中海油伊拉克米桑油田运行外包服务及中老铁路第七、第八标段，分包了乌干达伊辛巴水电站进场道路工程，为陕西省工程承包走出去做出了实实在在的努力。2014年，我收购了合泰水电安装公司，建设西安新丝路工程机械博览中心。

饮水思源，吃水不忘挖井人。这么多年来，我慢慢发展起来的同时，也做了一些力所能及的公益。10 多年前，我就为老家凤州捐资、修路、资助学生上大学；汶川地震后在第一时间将一卡车的被子送到灾区；还在佛坪资助了一批贫苦学生；为省侨联捐助 100 万元，用于侨眷帮扶基金。2017 年，我在家乡凤州又投资 80 余万元，建设了公益性的农家书屋，藏书 1 万余册。这个书屋还被国家新闻出版广电总局评为全国示范农家书屋等。

最近，凤县籍在西安的商业人士成立了西安凤县商会，大家推举我为会长。我很高兴能得到父老乡亲们的器重和厚爱，会尽我所能为家乡再多做一些实事。

在迪拜的 22 年，我有许多难忘的回忆。我选择回国，无怨无悔。回来了，就遵纪守法，好好做人、做事。我争取在做好自己工作的同时，再多做一些力所能及的公益。

2016 年中央电视台春节联欢晚会西安分会场

附　录

西安是中国商业的根

137 亿年前，宇宙在大爆炸中诞生。

46 亿年前，地球在各类碎片和尘埃的相互碰撞中产生。

40 亿年前到 25 亿年前，大陆出现，生物诞生。

259 万年前，第四纪后，人类开始诞生，进化，繁荣。

在地球亚洲大陆东部的中国，有一个跪俑似的省级行政区域——陕西。

在跪俑的丹田处，有一座伟大的城市——西安。

站在西安城南的秦岭之巅，穿越历史的烟尘，我们惊讶地看到：中国商业和商业文明历史地选择了西安。

依依灞柳记着，六七千年前的半坡人就懂得物品交换，播下了东方商业的第一枚火种；

荡荡丰镐记着，周代创立国家商业管理的"工商食官"制度，商人群体从手工业中分离出来；

悠悠南山记着，中华正财神赵公明在周至老家编著《财经》，成为中华商业财富文明的滥觞；

滔滔渭水记着，秦汉时期丝绸之路贯通东西，长安商人名噪一时，中国第一部商传《史记·货殖列传》应运而生；

巍巍雁塔记着，隋唐时期海陆开放，帝国商人名震四海，天下商旅潮水般涌向长安城，"东西"一词走向全国；

镗镗钟鼓记着，明清时期西商强劲崛起，上扬州下四川走边疆，西商商帮领航中国商业文明 500 年；

…………

站在西安城南的秦岭之巅，拨开时间的黄沙，我们自豪地断定：中国商业的原乡，在西安！

西安是中国商业的根！

一

西安，是八百里秦川孕育出的一颗明珠。

六七千年前，生活在今西安东部浐河岸边的先民，创造了灿烂的史前文化——半坡文化。

某天，先祖们把河里的石材、山上的骨材稍加打磨。他们生产和生活的半径，于是大了起来，甚至还有了一些暂时用不上的剩余物资。在和其他部族的相互接触中，他们开始拿着有限的剩余产品相互交换，以满足各自的需要。

他们交换的痕迹，被忠实地保留下来。

半坡出土的石器，是由不同种类的岩石制造的。踏遍西安周边，地质学家仅仅发现了片麻岩、石英岩等 7 种岩石，其他如玄武岩、辉绿岩、花岗岩等 16 种岩石，则全部分布在关中大平原以西遥远的地区。

这 16 个"外来户"，显然是以物易物换来的。

半坡人用于交换的物资，就是商品的雏形。

半坡人以物易物的交换，就是商品流通的肇始。

公元前 2000 年，地中海的腓尼基人从海螺壳中发现了两块鲜红的颜色。于是，他们把许多海螺砸碎，放在水里煮，熬出了一种紫红色的染料，再用染料换取谷物、玉米、酒类、地毯、宝石、黄金等。

相比半坡人，这是 2000 多年后的事了。

二

殷商末年，周人不断沿渭河而下。

"氓之蚩蚩，抱布贸丝"是当时商业状况的写照。

至周文王时代，国都迁至沣河西岸的丰京。后，文王之子周武王在东岸营建镐京。武王崩，因周成王年幼，武王的弟弟旦摄政。旦，就是赫赫有名的周公。

周实行"采邑分封，以蕃屏周"制，把子孙分封到各地采邑做封君。据考证，在陕、晋、豫及冀等地，曾有过585个周的城邑。以周都"沣邑"为主轴，四通八达的道路系统，连接了数量巨大的都邑，"周道如砥，其直如矢"。这个"周道"，就是为发展贸易修缮的商道，"凡国野之道，十里有庐，庐有饮食。三十里有宿，宿有路室，路室有委。五十里有市，市有候馆，候馆有积"。

城市越建越多，商人越聚越多，市场秩序越来越乱，怎么办？

摄政的管理者旦，用"公食贡，大夫食邑，士食田，庶人食力，工商食官，皂隶食职"的管理制度，创造性地化解了诸多难题。

"工商食官"制度规定商人以家庭为单位集结在村社，为天子、诸侯、领主、贵族等国家权力执掌者服务，商人们对自己的产品或商品有一定程度的自由支配权。在这个商业管理谱系中，事商的家族能获得国家证照，可以父传子、子传孙地世袭商业。

"工商食官"制度开创了国家对工商管理的先河，加速了商业从手工业和畜牧业中的分离，推动了人类第三次社会大分工。

三

周至县城东南20公里，终南山下公路旁有村曰赵大。这个小村落，是华夏正财神赵公明的老家。

赵公明，姓赵名朗，字公明，终南山人氏。早年曾任周王牧猎官，后做起了木材生意，边经商边到楼观台学道，最终修得正道。在《封神榜》中，姜太公奉元始天尊之命，封他为金龙如意正一龙虎玄坛真君，统领招宝天尊萧升、招财使者陈九公、纳珍天尊曹宝、利市仙官姚少司4位神仙，专司金银财宝，迎祥纳福，掌管天下财富，成为华夏正财神。

在财神故里，有一首古老的歌谣传唱至今："南山砍梢梢，北市跑道道；东峰采药草，西岭铸宝宝；回到家中列条条。"说的是当年赵公明南山砍柴，北市卖柴，东山采药，西山铸造劳动工具，回到家中编著《财经》时的情景。

1999年，《西安晚报》刊发消息，报道专家考证赵大村是财神赵公明老家一事。随后，新华社播发通稿，数十家媒体转载。此后，海内外商人只要来西安，就去财神庙烧香祭拜。

2011年7月19日，赵公明财神文化景区建成开放。赵公明尊容威严，乌面浓须，怒睁圆眼，头戴铁冠，手持宝鞭，身跨黑虎。除主供赵公明神像外，还供奉有妈祖、黄大仙、关羽、比干、范蠡等各路财神。

作为财神世界最高统治者的正财神，赵公明的粉丝不仅分布在中国大陆和港澳台地区，还影响到东南亚以及世界华人住地。一位老华侨观瞻财神文化景区时，扶着财神大殿的门，忍不住号啕大哭，说自己一辈子礼拜财神，想不到来西安摸到了财神家的门。

赵公明财神文化景区集财神故里、众神传说、集贤鼓乐和祈福娱乐于一身，已成为各地商人来西安必去的一个目的地。他们说：到了西安，不拜财神庙，等于没来！

四

秦时明月汉时关，已随浪漫的吟咏远去。

掌控关中后，汉高祖刘邦定都长安。汉长城，城内面积约36平方公里，是同时代罗马城的4倍。城西北角，是有名的"长安九市"，即东市、西市、南市、北市、柳市、直市、孝里市、交门市、交道亭市。这里商贾云集，物资通畅。

在中国最早的商传《史记·货殖列传》里，有这么一个值得关注的商人故事。一个名叫倮的商人，把中原的丝绸织品运往西域，从戎王处得到10倍利润；又把西域的牛马牲畜运回中原，结果他的牛马多得用山谷来计算。倮，是正史记载的第一个和西域贸易的商人。

在倮之后的第77年，城固人张骞受汉武帝指派，出长安城一路向西。13年后，张骞回到长安，向汉武帝面呈了西域考察报告。公元前119年，张骞第二次出使西域。这次，汉帝国的触角到达西亚和中东地区，最远到达地中海沿岸的罗马帝国。

公元前115年，乌孙王派人护送张骞回长安，随行有数十名乌孙国人，这是西域商人的身影第一次出现在长安城。

此后，汉使们以"博望侯"的名义，频繁往来于西域各国。长安城里那些柔软的丝绸和坚硬的瓷器，以及纸张、丝绸、冶铁、水利、作物栽培等先进技术，随着西出阳关的商队，沿着丝路向西，去过中亚，到过君士坦丁堡，最后进到古罗马贵族的橱窗里。

交流是双向的，影响是相互的。

西域的胡麻、无花果、安石榴、绿豆、黄瓜、大葱、胡萝卜、大蒜、番红花、胡荽、酒林藤、玻璃等物产，以及音乐、舞蹈、杂技等艺术甚至宗教等异域文化、文明，也沿着这条路大规模地传入长安。

1877年，德国柏林大学校长费迪南·冯·李希霍芬教授在他的专著《中国》中，将这条横跨欧亚大陆，从长安辗转到罗马的东西方主要贸易通道称为丝绸之路。

丝绸之路，将东西两座古城联系在了一起，也将我们与世界联系在了一起。

五

581年2月，杨坚称帝，定都长安。589年，隋统一了中国。

此时，罗马帝国崩溃，分崩离析成若干小国，再也没有走上统一的道路。

杨坚的继任者杨广，笔头一点，数百万民工羊群般被驱赶到了旷野，挥汗如雨地开凿了南连杭州、北抵涿郡，全长1700多公里的黄金商道——大运河。大运河耗费了巨大的财力、物力和人力，很快就激起了民众的反抗。

618 年 5 月，李渊称帝，定都长安，创建大唐王朝。

东市和西市，是唐长安城最繁华的商业街区。城东南的东市，因靠近太极宫、大明宫、兴庆宫，故奢侈品大多汇聚于此，是皇室贵族和达官显贵频繁光顾之所。城西南的西市，店铺铺面宽 4~10 米，每个市场有 220 行，近千家商贾的邸店、旅舍、旗亭、酒肆及饮食摊点麇集于斯。

今天，我们把购物叫"买东西"，为什么不用"南北"呢？汉时，人们把去东市购物称为"买东市"，把去西市购物称为"买西市"。唐时，简化成"买东""买西"。无论去东市还是西市，都将有购物行为发生。久而久之，"东西"就成了商品的代名词。

盛唐长安，八面来风。除从长安一路向西，过河西走廊、塔里木盆地，越葱岭，直达中亚的陆地丝绸之路外，一条从广州出海，越马来半岛、苏门答腊等地至锡兰，再向西入波斯湾，抵达中亚的海上丝绸之路也被开通。沿两条丝绸之路而行的世界商人，把珠宝等奢侈品带到长安售卖，再购买丝绸、瓷器等特产运回转卖，长安成为各国商人、使者、留学生、僧侣、传教士、旅游者的聚集地。有些做罢生意的外国商人，干脆在长安定居下来，"殖资产，开第舍，市肆美利皆归之"。

长安街头的行人中，不少是希腊人、印度人、波斯人、阿拉伯人、罗马人，他们除了带来罗马金银盘、海兽葡萄纹镜子、坐佛像、团花纹箱、象牙舍利塔、牙雕骑象菩萨造像、卷发陶俑、掐丝团花杯、玛瑙金杯、牛头角杯、金玉宝钿带等具有异域风情的商品外，还带来了各自民族的乐器和舞蹈，波斯的琵琶声和印度的笛声在长安城的上空交混着，走钢刀、倒立、吞刀、吐火等外来杂要，吸引长安城百姓驻足观看并纷纷拍手称好。

高大的象、凶猛的狮子、珍贵的汗血马、埋头的鸵鸟等外来动物，让长安人血管里的血液，因为受到不同文化的冲击而流速更快。长安城里，还一度流行起穿胡服，戴胡帽，吃胡食。大唐的丽人们，不仅喜爱上了帽边卷上去的胡帽，还将头发盘起来成为椎髻状，在眉、唇及面部等处，像西域人那样涂抹上了来自吐蕃的赭色。

六

盛唐远去，乘时光之驹消逝于历史的甬道。

在行行复行行的更替中，成吉思汗的孙子忽必烈继位了。

这时，一个叫马可·波罗的西方旅行者来到了中国。

马可·波罗的到来，激发起忽必烈对祖父的怀念，毕竟马可·波罗来自祖父成吉思汗未曾到达的地中海。马可·波罗的到来，也激发起忽必烈对蓝色海洋的向往。

元时，海上丝绸之路盛极一时。忽必烈热情地挽留马可·波罗，留在自己身边做顾问。这一留，马可·波罗就在中国待了17年。

在那本著名的《马可·波罗行纪》中，记录了元时京兆府的商业盛况。在马可·波罗眼里，市场上销售的商品既有金、锦、丝、绢等丝绸之路起点城市特有的物产，还有当地人自造的武装装备等。可以说，凡是人们日常生活所必需的物品，城中都有，而且价钱非常便宜，还有不少供行路商旅住宿的大旅馆，当地很多居民以从事捕猎或经商为生。

元朝灭亡后，这座城还在。

这座与雅典、罗马、开罗齐名的世界古都，从公元前1134年西周建都算起，世人先后叫它"丰京""镐京""丰镐""咸阳""长安""凤城""斗城""常安""京兆""大兴""永兴""奉元""西京"等。这些纷繁的名字，像某种哲学或宗教的体验，早已融入这座城市的生命之中。

明洪武二年（1369），明廷下诏将"奉元路"改为"西安府"，以此名"安定西北"。

西安之名，由此传开，再未更改。

七

明清500年，西商是中国商业的扛鼎者。

朱元璋建明后，蒙古残部在漠北仍惦记着中原。于是，明廷沿长城设9座边关，派 20 万大军驻扎，其中固原、宁夏、延绥、甘肃 4 座边关在陕西境内。

数量巨大的边关士兵和马匹，需要庞大的军费来维系。明洪武三年（1370），朱元璋实施"食盐开中"新政，允许商人向边关送粮换盐引。占据地理优势的西商，抓住国家实行"食盐开中""茶马交易""随军贸易"的政策机遇，把棉布、粮食等物资，运到边关换取盐引，再凭盐引到江淮地区的盐场换取食盐，到行盐区销售，赚取因政策红利带来的巨大差价。在扬州的十里盐场，在天府之国四川，投资开设井盐的，十有七八是西商。到雍正年间，霸气的西商集资 5 万两银子，在自贡建了座船形的西秦会馆，寓意为"将四川的银子运完"。

来自户县的少年炉客们，自发集中在牛东村，前往川藏线上的康定。康定，就是今日雅安，旧称"打箭炉"。康定的泸河西岸是最主要的商业区，这里云集有恒盛合、和盛公、德泰合、魁盛隆、昌义发、德盛公、德茂源、裕泰隆、如意和、鸿记、同庆德、吉泰长、玉丰公等 40 多家西商商号。其中，资格最老的恒盛合，由户县牛东村—孙姓人和新阳村—葛姓人合资经营，孙姓人负责在康定收购茶叶、布匹等销往藏区的物资，葛姓人则前往藏区木里收购黄金、麝香等物资运到康定销售，商号买卖一直延续了 600 年。

除了盐业，西商还经营棉布业。关中大平原土地肥沃，日照充足，秋雨稀少，非常适合棉花生长，"种于陕西，捻织毛丝，或棉装衣服，特为轻暖"。西安城还出现了染坊，周至等地种可染红色的红花，蓝田等地种能染蓝色的蓝靛。仅户县每年销到西安的蓝靛就有八九十万斤之多。美中不足的是，西安气温较高，纺纱织布易断头。精明的西商就把收集到的棉花贩运到气候温润的江南杭州、苏州、松江、嘉兴等地，将南方生产好了的棉布贩运回来，以满足北方市场对棉布的巨大需求。明清时期，西商浩浩荡荡的"北棉下江南，南布上西北"远销团，成为跳动在京杭大运河上最活跃的音符。

为助推本地商贸事业的发展，各大商帮纷纷在各地建造会馆，甚至还呈现出"省有馆、县有馆"的景象。一句"天下会馆数陕西"，道出了西商是当时实力最大的商帮。商人们在西安建了很多会馆：按地域来分，有索罗巷的山西会馆、梁家牌楼的三晋会馆、五味什字的澄城会馆、印花布园的华州会馆、户县会馆、大荔会馆、礼泉会馆、渭南会馆、兴平会馆等；按行业来分，有东关金龙庙的布帮会馆、鞋帮会馆，东木头市的裁缝会馆，南大街油店巷的银匠会馆，北柳巷口的鞋匠会馆，索罗巷的药材会馆，长乐坊的药材会馆，等等。

八

晚清至民国初年，关心政治的商人多了起来，成为当时社会一股重要力量。

1921 年 7 月，中国共产党第一次全国代表大会在上海召开，揭开中国历史全新的一页。

1924 年 3 月，民国政府推行"联俄、联共、扶助农工"的新三大政策。"扶助农工"，就是要动员商人参加政治与国民革命，将他们改造成革命化的商民。

这样，一些相对偏僻的边远城镇，就成为很多只想安心做生意的商人的目的地。

在甘肃省宕昌县岷山脚下的哈达铺，西商是其中最活跃的一支力量。这里气候凉爽，土地松软，地处西秦岭的延伸带，盛产数量丰富的野生药材。于是，很多世代经营药材的西商，纷纷西上甘陇来到这里，"药材经营利润较大……药商以山陕人为多"。

没有人会想到，哈达铺的西商会影响到中国革命进程的改变。

1935 年 9 月 18 日，中国工农红军一方面军突破国民党的围追堵截，占领哈达铺。两天后，毛泽东率中共中央纵队进驻哈达铺。

在哈达铺，毛泽东从一个王姓西商邮政代办所的国民党报纸上，获得陕北有红军和根据地的消息，做出了把红军长征的落脚点放在陕北的重大决策，奠定了中国革命后来"落脚陕甘宁，走向全中国"的历史走向。

客观地说，是哈达铺的西商为红军走向陕北提供了极其有价值的消息。

九

1949 年 5 月 20 日，西安和平解放；

1949 年 5 月 23 日，西安市人民政府成立。

翻身当家做主的人们，将摆脱剥削和压迫的幸福感，化作建设社会主义的巨大动力。依靠陇海铁路这根大动脉，意气风发的西商们将西安制造的山丹丹洗衣粉、西安电池、西安牙膏、中华肥皂、骆驼牌搪瓷等商品，潮水般源源不断地运送到祖国各地，为辉煌的西商历史书写了新的时代华章。

1999 年 6 月 17 日，国家在西安第一次明确提出"西部大开发"的概念。9 月 22 日，中共十五届四中全会决定"实施西部大开发战略"。随后不久，西安一大批具有本地特色和竞争优势的产业群开始形成。

2013 年 9 月，中国国家主席习近平在哈萨克斯坦向世界发出共同建设"丝绸之路经济带"的倡议；10 月，中国再次提出了建立"21 世纪海上丝绸之路"的构想。

"一带一路"，让不靠海不沿边的西安不再边缘。作为丝绸之路的起点和连接亚欧的重要节点，有良好区位优势和深厚历史文化积淀的西安，历史性地站在了内陆向西开放的新高地。

"西安速度""西安效率""西安奇迹"，再次获得世界的关注。

丝绸之路的记忆从西安起始，丝路古道的铃声从西安传出。

前进的步伐，永远不停歇。

处在丝绸之路起点的新一代西商使命独特，期待他们通过"一带一路"这条国际商贸的黄金大通道，能和更多国家和地区互联互通，创造和释放出更多更新的红利，在"一带一路"的伟大实践中，重现西商的荣光和辉煌！

致敬西安！

致敬陕西！

致敬中国！

后　记

记忆是一种有体温的文化

　　呈现在读者诸君面前的这本小书，是我借调西安市社科院专事西商研究的成果汇报。我本是报纸编辑，不是学界中人，之所以能迈进社科院的高门槛去弄这事，话还得从 2017 年出版的一本书说起。

　　2017 年 8 月，我的《秦商史话》出版，该书由著名人文学者、西北大学名誉校长张岂之教授题写书名，著名批评家、中国作协副主席李敬泽老师作序，是 2014 年陕西省委重大文艺精品工程项目和 2015 年的国家出版基金项目，从史前半坡交换写至当下的"一带一路"，历数陕西数千年商业大事、货币政策和代表商人，被誉为"一部秦商通史"。

　　在出版产业迅猛发展的今天，一部书的出版犹如海洋中泛起的浪花，往往还没有来得及赶上潮起，就已经不知潮落到哪里去了。我想，《秦商史话》也是难以逃脱这样命运的。没想到，社会各界给予《秦商史话》特别的爱，不仅全国百余家媒体竞相报道，我供职的西安报业传媒集团还组织专家学者召开出版学术笔会，并在 2017 年 12 月 11 日的《西安晚报》上整版推出。

　　2018 年春节前的一个中午，西安市社科院高东新副院长和杜雁平老师到我的办公室，诚挚地邀请我参与"新时代的西商与浙商比较研究"这一重大课题。经过反复论证，西安市社科院给予"新时代的西商与浙商比较研究——西商口述史研究"项目立项和资助，专门成立课题组，由我负责。春节假期刚收，报社就转来让我去参加课题研究的正式通知。我以为，这个难得的学习和研究机会，是《秦商史话》带给我的好运。

　　在领会市委领导批示精神的基础上，我选择 30 位企业家作为研究对象，包括

10位西商老字号企业家、10位在西安创业多年的浙商企业家、10位在外创业又回西安投资的新西商。当我真正走近他们，聆听了他们鲜活的故事后，内心充盈着无限的欣慰和无尽的懊悔。欣慰的是，这次来对了，他们讲述的很多商业往事和创业故事，让人眼界大开脑洞大开，也加深了我对搜寻西商史料、抢救西商文献重要意义的理解；懊悔的是，还是来迟了，很多老一代商业亲历者已经谢世，他们多姿多彩的商业故事，仅仅成为文献资料中短短的几行，大量历史的细节和鲜活的内容，已随他们背影的模糊而湮没无踪。逝者如斯夫！

英国历史学家阿诺德·汤因比（Arnold Toynbee）说过："我们生活在一条思想的河流当中，我们在不断地记忆着过去，同时又怀着希望或恐惧的心情展望着未来。"诚如斯言，记忆是一种生理现象，也是一种有体温的文化。通过企业家们的口述回忆，我们可以从具体的事件、细节中看到普遍性的商业存在，也可以从矛盾的普遍性中看出不同时期、不同领域、不同门类的个性特征和细微差异。这些带着体温的回忆文字，都是受访企业家从自己在经济社会坐标系中所处的那一个"点"上，以亲身经历、亲眼所见、亲耳所闻的创业事实和内心感受，给我们再现了一段真实的、生动的、立体的、感性的西商发展史。

企业家们的口述历史，举凡家族商史、企业结构、机构变化、营销模式、道德规范、劳资关系、同行往来、个人境遇，以及民风民俗、市井百态、世故人情、家训家风、传承创新等内容，涉及与西安相关的政治、军事、经济、文化、民情等多个方面。可以说，一部《西商口述史》，就是一部简明的西安社会风情画卷！企业家们的眼界、风范与风骨，他们在事业和人格上所达到的高度，他们对西安商业的担当，对伟大时代的贡献，都如在眼前，让人感慨万千。

口述史写作，是近年来国际史学研究和文学创作的一种流行趋势。最具代表的是白俄罗斯女记者斯韦特兰娜·阿列克谢耶维奇，她通过采访二战、苏联解体、切尔诺贝利事故等事件的经历者，创作了大量口述史作品，还获得了2015年诺贝尔文学奖。在我国，口述史还是一个方兴未艾的新的学科分支。对我本人而言，更是一个陌生的领域。但我认为这是一项有意义的工作，尽管需要付出很多的心血和汗水。这个《西商口述史》项目，从酝酿到最后完成，虽然跨越了两个年头，但真正写作历时只有半年多时间。由于时间匆忙，加之本人才疏学浅，书中差错在所难免，恳请读者诸君指正，以便再版或重印时订正。

值此书稿出版之际，我要感谢西安市社科院特别是经济所的各位老师，是他们的全力帮助，使课题得以顺利开展；感谢西安报业传媒集团的领导和同事，没有他们的鼎力支持，我是不可能在这么短的时间里完成这项高强度高难度工作的；同时，还要感谢那些接受访谈的企业家朋友们，他们是历史的直接见证人，在百忙之中抽出宝贵的时间，全身心地回忆和梳理创业往事，没有他们的支持和努力，绝不会有我的这项成果。

此外，我还要特别感谢西安财经学院行知学院人文艺术分院的许璐老师、吴情老师、郭昕煜同学、李欣怡同学、赵敏同学、毕明芳同学、吴月同学和曹鉴愚同学，他们随我一起参与企业家访谈，协助整理录音剪辑短片，承担了大量的基础性工作。我知道，访谈拍摄的时间与记录整理的时间，至少是 1∶10。因为，记录整理中还要涉及核校、考订、修润等很多细碎的工作，必须要有更多的时间保证才能完成。可以说，拍摄一小时，至少需要十几个小时，甚至更多的时间，才能完成后续工作。好在年轻聪慧的他们，克服了很多外人难以想见的困难，出色地履行了各自的职责，帮我完成了研究工作中最为枯燥的这一部分。

这本书能由西安曲江出版传媒股份有限公司和世界图书出版西安有限公司联合出版发行，是一种缘分。感谢世界图书出版西安有限公司和西安曲江出版传媒股份有限公司严格、认真的编辑们，让本书的质量得到了保障，对作者来说，这无疑是一件值得欣慰的事情。1400 年前，大唐定都长安，书写了中华民族的辉煌历程。40年前，中国改革开放，开启了中华民族的崭新篇章。在 2018 年这样一个特殊的年份里，出版这样一部具有文献价值的书，无疑是一项很有意义的工作。

就在这则后记快要写完时，有好消息传来，我的作品在第八届冰心散文奖评选中获得理论奖。写作是一种孤独的工作，写作者如骆驼般穿行在茫茫的沙漠上，获奖的消息似前方绿洲飘来的些许湿润，能给孤独的写作者以前进的动力。一本书有一本书的命，但愿这部《西商口述史》的命会更好！

祝福每位拿起这本书的朋友！

章学锋

2018 年 6 月于雁塔题名处